FRÉDÉRIC SOULIÉ.

LA COMTESSE
DE MONRION.

PREMIÈRE PARTIE.
LA LIONNE.

II

Derniers ouvrages de M. Frédéric Soulié.

DRAMES INCONNUS. | **UN CADET DE FAMILLE.**
4 volumes in-8°. | 5 volumes in-8°.

LES AMOURS DE VICTOR BONSENNE.
5 volumes in-8°.

OEUVRES

DE

FRÉDÉRIC SOULIÉ.

CHEZ LE MÊME ÉDITEUR :

UN HIVER A MAJORQUE,
Par GEORGE SAND.
2 volumes in-8.

MELCHIOR, — MOUNY-ROBIN,
Par George Sand.
ant partie de la 4ᵉ livraison du *Foyer de l'Opéra*, 2 vol. in-8.

SOUS PRESSE :

LE PÉCHÉ DE MONSIEUR ANTOINE,
Par GEORGE SAND.

L'AMAZONE,
ant partie de la 5ᵉ livraison du *Foyer de L'Opéra*, 2 vol. in-8.)
Par Alexandre Dumas,

LE MÉDECIN DU CŒUR,
Par Alphonse BROT,

NE NOUVELLE PUBLICATION,
Par le comte Victor Du Hamel.

LE POIGNARD DE CRISTAL,
Par Jules LECOMTE.

MÉMOIRES D'UN VIEIL AVOCAT,
Écrits par lui-même.

LA COMTESSE
DE
MONRION

PREMIÈRE PARTIE.

LA LIONNE

PAR

Frédéric Soulié.

2

PARIS,
HIPPOLYTE SOUVERAIN, ÉDITEUR
De MM. George Sand, Frédéric Soulié, de Balzac, Alexandre Dumas, Paul de Kock,
Alphonse Brot, Amédée de Bast, Jules Lecomte, &c.
RUE DES BEAUX-ARTS, 5.

1846.

LE LION.

XII.

Le lendemain, Victor était dans son atelier, se félicitant du courage qu'il avait montré la veille, et se disant :

« Cette jeune fille a dû me com-

« prendre, ou tout au moins sa mè-
« re; il est impossible de dire plus
« clairement à une femme : je ne
« puis pas vous aimer, et c'est une
« folie à vous de m'aimer.

« D'ailleurs, qu'est-ce que tout ce-
« la? un petit roman que cette pe-
« tite a fait à elle toute seule... car,
« que lui ai-je demandé, moi? de me
« laisser faire un croquis de son
« visage... ce n'est pas là une dé-
« claration. Elle est bien avertie à
« présent, et, ma foi, si elle ne m'a
« pas compris, je finirai par m'ex-
« pliquer clairement avec son frère.»

Alors il se souvint qu'il avait
promis la veille à madame Thoré

de retrouver Charles et de le lui ramener.

Il allait s'informer à quelqu'un de ses élèves, lorsqu'il vit entrer dans son atelier un homme de vingt-cinq ans tout au plus, mis avec une parfaite élégance, d'un visage noble, mais déjà usé, et couvert de cette pâleur tachée de veines pourprées qui disent que la mort habite dans ce corps vivant. Il était d'un blond fade, d'une taille élancée, et qu'il portait avec une certaine raideur.

Une ardeur fébrile allumait ses grands yeux bleus. Des lèvres pâles et minces, un nez busqué, un front large et développé, dénotaient chez ce jeune homme l'intelligence, la volonté et le courage.

Mais nul sentiment tendre ne semblait avoir place dans cette nature puissante et passionnée.

Il demanda monsieur Victor Arnab d'une voix douce, mais fatiguée, et après que celui-ci se fut nommé, il lui dit :

— Peut-on vous parler d'affaires devant ces messieurs ?

— C'est à vous, Monsieur, à juger si ces affaires peuvent avoir des auditeurs.

— Ma foi, dit le jeune homme,

je n'en sais rien ; je viens pour vous acheter un tableau.

— Vous pouvez parler, dit en souriant Victor.

— J'ai envie d'avoir votre *Vierge aux pleurs*, dit le jeune homme; n'est-ce pas comme ça qu'on la nomme?

Ce nom n'était encore arrivé à Amab que par la lettre de Léona ; il se demanda si cet inconnu n'avait pas quelque rapport avec elle.

— Un pareil désir me flatte, Monsieur ; il me montre que ce tableau vous a frappé.

— Je ne l'ai pas vu. C'est quelqu'un qui le veut absolument, et à qui j'ai absolument envie de le donner... Voilà la vérité...

Vous voyez que je n'y mets pas de finesse. Aussi, je vous prie, ajouta-t-il en riant, ne m'écorchez pas trop.

— Vous me rendez curieux, dit Victor; et peut-on savoir quelle est la personne qui veut absolument avoir ce tableau?

— Elle m'a formellement défendu de la nommer. Pourquoi? je n'en sais rien. C'est bien l'esprit le plus fantasque... Mais enfin, elle le veut, j'obéis...

Voyons, quel est votre prix?

« *Elle* le veut, » avait dit le jeune

homme; c'était donc une femme dont il s'agissait. Amab ne douta plus que l'acheteur ne vînt de la part de madame de Cambure; et il répartit en mettant une question à la place d'une demande :

— Quel serait le vôtre ?

— Léona m'a dit que cela valait au moins dix mille francs.

C'était le nom qu'attendait Victor, et qui devait le décider à faire ou à ne pas faire le marché.

Les élèves s'entreregardèrent. Le tableau était richement estimé.

— Eh bien! reprit le jeune homme, cela vous va-t-il?

Avant qu'il répondît, on vint

annoncer à Victor que deux dames l'attendaient dans son appartement : c'était sans doute quelque portrait à faire.

Victor dit qu'on les priât d'attendre dans le salon qui communiquait à son atelier par une issue fermée d'épaisses portières de vieux brocard.

S'il eût été tourné de ce côté, Amab eût vu une main soulever la portière, un regard rapide parcourir l'atelier, et il eût peut-être entendu ce mot échappé à l'anxiété maternelle : « Mon Dieu ! où est-il ? » mot que prononça madame Thoré, car c'était elle.

A ce moment il suivait des yeux le jeune homme qui, ayant aperçu dans un coin de l'atelier une panoplie, se mit à la frapper de sa badine, en s'écriant :

— Tiens ! ce n'est pas mal, ça...

Puis l'acheteur se retourna :

— Eh bien ! votre juste prix, dit-il, voyons...

Pendant ce temps, Victor avait cru comprendre que madame de Cambure, cette femme si grossièrement insultée par le frère de Julie et par lui-même, ne pouvait désirer l'image de cette charmante fille que dans un but de vengeance. Peut-être, se dit-il, voulait-elle acquérir cette œuvre, qui l'avait enthousiasmée jusqu'à la folie, pour l'anéantir.

Cette pensée fit peur à Amab; et comme le dandy renouvela sa question :

— Monsieur, dit froidement Victor, mon tableau n'est pas à vendre.

— Voilà! s'écria le jeune homme, j'en étais sûr!... je m'y ferai toujours prendre... J'aurais dû vous envoyer quelque brocanteur... Vous refusez dix mille...

— Oui, Monsieur.

— Eh bien! douze...

— Non, Monsieur.

— Quinze, dix-huit, vingt mille francs...

Les élèves regardaient Amab, à qui de pareilles offres paraissaient une fortune inespérée; plus qu'une fortune, une consécration de son succès.

Il fut sur le point d'arrêter l'élan financier du jeune homme en lui disant :

— Donnez-moi donc 10,000 francs et ce tableau vous appartient.

Mais il avait dit que ce tableau n'était pas à vendre, et il eût rougi de faire de cette assertion une ruse de spéculateur; son orgueil s'y opposait.

— Non, Monsieur, répondit-il avec effort.

Le jeune homme resta stupéfait du refus, pendant que les élèves admiraient le désintéressement de leur maître, à moins qu'ils ne s'étonnassent de le voir mettre à son œuvre un prix qu'elle ne valait pas.

— Tenez, dit enfin l'acheteur, j'ai promis ce tableau... Soyez franc; dites votre prix tout de suite.

J'ai bien donné en une heure quatre-vingt mille francs de diamants pour un bal... Je puis bien donner trente, quarante mille francs pour une fantaisie. Je l'ai promis; faites-en votre profit... Je paierai ce que vous voudrez, cinquante, soixante mille...

La parole de ce jeune homme avait

quelque chose de fiévreux : c'était l'émotion de ces malheureux dissipateurs, esclaves à la fois d'une passion folle et d'une vanité féroce... à qui le bon sens qui leur reste montre toute la fureur des sottises qu'ils font, mais qui les font avec une sorte d'acharnement. C'est l'homme habitué à l'ivresse de l'eau-de-vie, qui sait qu'il en mourra, et qui en boit avec rage, désespéré qu'il est d'en boire.

Amab comprit ainsi ce jeune homme, et lui dit en l'interrompant vivement :

— Ni pour soixante mille francs, ni pour deux cent mille vous n'aurez ce portrait: il n'est pas à vendre.

Le jeune homme s'arrêta, et dit avec un accent amer :

— Alors, c'est le portrait de votre maîtresse.

Monsieur, dit fièrement Amab, je ne permets à personne...

— Pardon, dit l'autre, je sais que vous êtes brave ; j'ai entendu raconter de vous un duel assez bizarre... Je n'ai pas voulu vous offenser...

Mais, avouez que si ma supposition n'est pas juste... ceci devient une énigme inexplicable...

— Vous en savez peut-être le mot sans vous en douter, lui dit Amab.

— Et probablement je l'ai dit sans m'en douter.

— Peut-être, dit Amab, qui pensait qu'en nommant *Léona*, ce jeune homme lui avait fait prendre le parti de ne pas lui vendre ce tableau.

Celui-ci prit ce *peut-être* d'une toute autre façon; il en revint à l'idée que c'était le portrait d'une maîtresse adorée et qu'Amab lui sacrifiait sa fortune; il répliqua donc :

— Pardieu, Monsieur, vous êtes un aussi grand fou que moi... Si cependant il vous vient une lueur de sagesse, tirez un bon à vue sur le comte de Monrion, en m'envoyant votre Vierge; je m'en fie à votre probité.

— Ne comptez pas sur ce tableau, Monsieur, dit Amab, et veuillez cesser des instances... qui...

— Qui vous sont pénibles, dit monsieur de Monrion d'un ton railleur... Est-ce que vous seriez homme à finir comme la reine Anne et à vous écrier : « Vous m'en direz tant ! »

Eh bien ! Monsieur, je ne fais pas comme Mazarin une supposition, je ne dis pas : Si on vous offrait cent, deux cent mille, etc... moi, j'offre cent, deux cent mille...

— Monsieur, dit Amab avec impatience, nous jouons un jeu d'enfants. J'ai refusé, parce que j'ai des raisons particulières de refuser. Si j'acceptais la moindre des propositions folles que vous me faites, je serais un malhonnête homme.

— Vous vous trompez, dit le comte, je paierais le double de ce que je vous offre, pour ne pas avoir la scène qu'on va me faire, et le double encore, pour pouvoir dire à quelqu'un :

« Vous avez désiré... vous êtes obéie... »

Vous me brouillez probablement avec elle, je vous pardonne le mal que vous me faites, mais il est possible que je m'en venge.

— Que voulez-vous dire ?

— Je ne le sais pas trop moi-même... mais je vous en avertis, peut-être dans deux heures, je serai votre ennemi mortel...

Adieu, Monsieur.

Le jeune homme sortit, et un murmure confus glissa dans l'atelier :

Victor Amab avait refusé deux cent mille francs d'un tableau ! Raphaël et Rubens n'étaient que des polissons comparés à lui.

Amab resta un moment immobile et muet ; un profond soupir s'échappa de sa poitrine ; il venait de soutenir une lutte terrible : non pas qu'il eût cru à la possibilité d'un marché aussi fou que celui que lui avait proposé en dernier lieu monsieur de Monrion, mais parce qu'il y avait entre le prix réel du tableau et cette exagération un milieu qui pouvait être une excellente affaire pour Amab.

Il chercha une consolation dans l'enthousiasme de ses élèves, et voulant donner à cette scène un sens qui le posât d'une façon héroïque, il leur dit :

— Messieurs, l'amour d'un homme est comme l'honneur d'une femme, rien ne doit pouvoir le payer.

A LA RECHERCHE D'UN FILS.

XIII.

Il avait à peine prononcé ces paroles, qu'il entendit un léger cri dans le salon où il avait fait attendre les dames qu'on lui avait annoncées.

Il y alla avec l'espérance qu'elles

avaient pu entendre la magnifique comédie qu'il venait de jouer. Il ne s'était pas trompé, on l'avait entendu ; mais un vif mouvement de dépit remplaça la joie que Victor en éprouvait, lorsqu'il reconnut madame Thoré et sa fille.

Le soin de sa propre gloire, et peut-être aussi le soin de la réputation de Julie, venait de coûter trop cher à Amab pour qu'il ne lui en voulût pas quelque peu.

Le trouble de madame Thoré était grand : il lui semblait impossible de douter de la passion insensée d'Amab.

Quant à Julie, il y avait en elle

une extase qui rayonnait dans ses regards, dans son sourire, dans ce je ne sais quoi de divin dont le bonheur illumine la beauté.

Pour d'autres que pour ces dames, le vif mouvement qui agita Amab à leur aspect, eût été ce qu'il était véritablement, du déplaisir et du dépit; mais pour des yeux prévenus comme ceux de Julie, ce fut la douloureuse confusion d'un cœur fier, surpris dans un de ses plus nobles sacrifices.

Comment se faisait-il que Julie fût là? C'était le résultat de l'absence de Charles.

Madame Thoré n'ayant pas vu revenir son fils, avait enfin conçu les plus sérieuses alarmes. Déjà Villon, déjà monsieur Thoré couraient dans Paris à la recherche du fugitif.

Après leur départ, Julie avait fait observer à sa mère qu'on n'était pas convenu d'aller chez monsieur Amab.

— Il m'eût fait informer de lui, s'il en avait eu des nouvelles, lui avait-elle répondu.

— Peut-être n'a-t-il pas osé, avait dit imprudemment la jeune fille.

— S'il n'a pas osé, c'est donc qu'il est arrivé quelque affreux malheur! s'écria la pauvre mère.

Et, sur cette supposition, le cœur

de madame Thoré s'était figuré des désastres accomplis; un danger de mort : la mort peut-être. Elle avait quitté sa maison dans une telle agitation, que sa fille avait voulu la suivre, et que sa mère l'avait laissé faire.

Pour être vrai, il faut dire que ni l'une ni l'autre n'avaient pensé, en ce moment, à aucun autre intérêt que celui de Charles.

Mais ce que toutes deux venaient d'entendre ne les avait pas laissées dans cette sympathie d'inquiétude : la sœur avait oublié son frère, lorsque la mère pensait toujours à son fils.

Elle courut vers Amab, et lui prenant les mains :

— Charles ! lui dit-elle, avez-vous des nouvelles de Charles ?

— Aucune, Madame, dit Amab, charmé de voir aborder ce sujet ; je n'en ai aucune...

— Mais il est donc mort !... s'écria la mère avec désespoir... O mon Dieu ! mon Dieu ! mon pauvre Charles, qu'est-il devenu ?...

Quoi, Monsieur, vous ne savez rien ?

— Rien, Madame...

— Ne craignez pas de me tout dire, car, à votre air troublé... je comprends, je devine...

— Je vous jure, Madame, que je n'ai aucune nouvelle de lui.

— Que vous a-t-on dit, reprit Julie, là où vous êtes allé le chercher hier ?

Amab n'avait été nulle part; mais, en présence de la douleur de cette mère, il ne voulut pas paraître avoir négligé le devoir qu'il s'était engagé à remplir.

— On ne l'a point vu.

— C'est quelque querelle, répondit avec trouble madame Thoré, un duel peut-être...

— Il eût choisi des témoins parmi ses camarades, et ces témoins, quels qu'ils fussent, vous eussent avertie d'un malheur, s'il était arrivé.

— Alors c'est un affreux accident...

— La police l'eût découvert et vous eût fait prévenir.

— Mais, qu'est-ce donc, s'écria madame Thoré en se tordant de désespoir, et en tombant sur un siége où elle se mit à pleurer.

— Un ennemi caché, peut-être, s'écria Julie.

Victor se troubla et tressaillit : la jeune fille venait de toucher juste aux craintes qu'éprouvaient Amab, et les avait fait se révéler.

Julie, dont le regard semblait voir Victor sans le regarder, aperqui ce mouvement, et, l'entraînant vivement, elle lui dit tout bas :

— Oh! si vous avez quelques indices, dites-le moi... voyez ma mère, elle en mourrait... et moi, j'en serais bien malheureuse, ce serait un coup affreux dans notre famille, et vous, vous devez y prendre part, car Charles vous aimait comme un frère.

— Eh bien! Madame, rentrez chez vous, dit Amab en s'adressant à madame Thoré, qui, en voyant sa fille parler bas au peintre, pensa qu'on voulait lui cacher, quelque fatal secret et s'était rapprochée d'eux.

Amab avait compris enfin qu'il

devait quelques bons offices à une douleur dont il était jusqu'à un certain point coupable, et il ajouta :

— Rentrez chez vous, veuillez m'y attendre toute la journée... Je vais m'informer près de quelqu'un...

— Qui cela ?... s'écria madame Thoré... Oh! j'irai moi-même.

—Ce n'est pas possible, dit Victor avec embarras.

Madame Thoré le devina, et, à son tour, l'entraînant à l'écart, elle lui dit tout bas.

—C'est chez une femme, n'est-ce pas ?

—Sans doute; mais une femme chez

laquelle vous ne pouvez vous présenter.

— Le désespoir d'une mère a le droit d'entrer partout, Monsieur, fût-ce dans une maison infâme ?

— Ce n'est pas cela, Madame ; mais je vous jure que vous ne pouvez pas, que vous ne devez pas y aller... D'ailleurs, vous ne savez rien... vous n'obtiendrez rien...

J'y vais à l'instant même...

— Eh bien ! je vous y accompagnerai, je vous attendrai... à la porte... cachée dans un fiacre.

— Madame !..

— Je veux vous suivre, Monsieur, je le veux.

Il y a dans la volonté d'une mère un pouvoir auquel les plus indifférents obéissent.

Amab consentit.

Quelques minutes après, un fiacre s'arrêtait à quelques pas du n°... de la rue Joubert.

Amab en descendit seul : sur l'indication du concierge, il monta au premier étage et demanda madame Léona de Cambure ; il lui fut répondu que Madame était sortie.

Il voulu savoir à quelle heure il serait possible de la voir. Il lui fut encore répondu que Madame ne rendait point compte à ses gens de ce qu'elle voulait faire, et qu'il était possible qu'elle rentrât dans cinq minutes, comme il se pouvait qu'elle ne rentrât pas de huit jours et qu'elle restât à la campagne.

Amab ne put obtenir d'autre réponse.

En redescendant, il fut très étonné de voir le fiacre de madame Thoré avancé jusqu'à la porte cochère.

Là se trouvait aussi une petite charrette à bras, traînée par un commissionnaire ; sur cette charrette était une grande caisse où on avait écrit : *Fragile*, avec la marque T. R. : c'était celle de la maison Thoré ; c'était la caisse renfermant le thé qu'était venue acheter la veille cette dame si belle, si curieuse, si insolente, qui n'avait voulu dire ni son nom ni son adresse.

— Oui, oui, disait madame Thoré à sa fille, c'est cette femme qui a perdu mon fils... mais je m'adresserai aux magistrats, je découvrirai son crime, je lui arracherai ce pauvre enfant...

Déjà madame Thoré ne croyait plus à la mort de Charles ; mais elle craignait une fuite, un départ avec une adroite courtisane ; une de ces passions folles qui égarent et perdent la jeunesse ; elle pensait à la beauté de cette femme, à l'expression farouche de son visage, à cette impudente investigation qu'elle était venue faire de sa maison, et elle s'écria:

— O mon Dieu! dans quelles mains est-il tombé!

Toutes ses craintes lui parurent des certitudes au moment où Amab vint lui rendre compte de la réponse qu'il avait reçue.

— Je l'avais deviné, ils sont partis ensemble.

— Fasse Dieu que cela soit, dit A-mab, qui avait des terreurs bien plus graves que celles-là.

— Que voulez-vous dire? dit madame Thôré.

— Que ce serait une folie de jeune

homme, reprit Amab, qui aurait probablement une fin prochaine.

— Mais où est-il ? où sont-ils ?

— Voilà ce que j'espère savoir dans quelques jours.

— Dans quelques jours, dites-vous?

— Oui, Madame.

— Mais je le saurai dans quelques heures, moi... La police va être avertie, cette femme dénoncée...

— Et si vous vous trompiez, Madame ? dit Amab, qui craignait de voir son nom ridiculement mêlé à un scandale grotesque, et qui n'aimait l'éclat qu'autant qu'il pouvait lui profiter. D'ailleurs, ajouta-t-il, Charles est d'un âge où l'on est, selon la loi, le maître de ses actions. Il a pu partir, s'il l'a voulu.

— Comment l'aurait-il pu faire, sans autre argent que le peu que je lui donnais ?

— Et s'il s'en est procuré par des moyens qui ne vous paraissent pas honorables, voudriez-vous les faire ébruiter?

Madame Thoré poussa une exclamation désespérée : cette crainte brisa l'énergie de sa douleur, et elle se laissa aisément persuader par Amab, quand celui-ci lui dit :

— Sans cesser vos démarches d'un autre côté, veuillez vous confier à moi, je vous jure sur l'honneur que je n'aurai ni repos ni trêve que je n'aie découvert Charles, et que je ne vous l'aie ramené.

Madame Thoré accepta cette promesse et consentit à retourner chez elle ; mais Amab qui, pour prévenir les effets de la douleur de madame Thoré, s'était engagé à plus qu'il ne pouvait, Amab se demanda, lorsqu'il fut seul, comment il tiendrait l'engagement qu'il venait de prendre.

Léona était partie, où était-elle, comment la découvrir ?...

Un seul fil pouvait le conduire sur sa trace, ce fil était dans la main de monsieur de Monrion. Mais que pouvait-il aller dire à cet homme ? quels renseignements lui demander ? de quel droit s'informer à lui de ce qu'était devenue Léona ?

Amab hésita longtemps, puis il s'écria tout-à-coup.

Lâche et sot que je suis ! j'ai rêvé une gloire exceptionnelle, une vie marquée d'un sceau de bizarrerie ou de fatalité, et je recule lorsque le hasard me la présente, pour ainsi dire, toute faite. L'amour de Julie, la colère de Léona... n'est-ce pas là deux évènements de ceux qui mettent en relief un homme de génie ? La gloire de Byron ne doit-elle pas quelque chose à l'audace de ses aventures ?

Qu'ai-je à craindre ? Un duel ? Eh bien ! celui-là me pose, celui-là dispense de l'ignoble rencontre dont je suis menacé.

Amab se décida à se rendre chez le comte de Monrion.

SCÈNE DE FAMILLE LÉONINE.

XIV.

Le comte de Monrion demeurait rue du Faubourg-Saint-Honoré.

Lorsqu'Amab arriva, on lui dit qu'il était peu probable que monsieur de Monrion voulût le recevoir, attendu qu'il était en la compagnie de son oncle, le marquis de Montaleu.

Amab insista pour qu'on remît sa carte à monsieur de Monrion, et tout aussitôt on vint lui dire que le comte l'attendait. Du salon qui précédait celui où on allait l'introduire, il entendit le bruit d'une conversation très animée.

Amab s'arrêta par discrétion.

— Entrez, entrez, lui dit le valet de chambre : monsieur le comte veut vous voir à l'instant.

Amab entra.

Pendant qu'il saluait, Monrion continua, tout en lui rendant sa salutation.

— Tenez, dit-il à son oncle, voilà Monsieur qui peut vous dire qu'on ne vous a pas trompé, en vous disant que je jetais l'argent par les fenêtres. J'ai voulu lui payer deux cent mille francs un tableau qui ne vaut peut-être pas cent écus, et je suis tout prêt à les lui donner encore, si par hasard il vient pour renouer le marché.

— Je suppose que Monsieur, qui a déjà refusé, refuse encore, repartit le vieillard à qui s'adressait le comte.

— Toujours, Messieurs, dit Amab, et je viens ici pour un autre motif.

— En ce cas, mon cher peintre, reprit Gustave de Monrion, la parole que je vous ai donnée ce matin tient entre nous... nous sommes ennemis mortels, et l'un de nous est de trop, partout où sera l'autre. C'est ce que j'allais vous écrire au moment où monsieur le marquis de Montaleu, que j'ai l'honneur de vous présenter, est venu me faire le plus superbe discours.

Comment se fait-il, dit Gustave en se retournant vers son oncle, que vous n'ayez pas cette éloquence à la Chambre?... vous seriez ministre...

Amab était pétrifié de ce qu'il voyait, de ce qu'il entendait; il admirait la patience du marquis de Montaleu, qui ne s'était pas récrié à.

l'insolente apostrophe de son neveu... c'était un noble et grand vieillard qui regardait Gustave avec un douloureux étonnement.

— Monsieur le comte de Monrion, lui dit-il, puisque vous persistez à déshonorer votre nom...

— Ce qui déshonore le nom d'un gentilhomme, dit celui-ci avec une hauteur incroyable, ce n'est pas de faire courir sur le turf, et de jouer le wisth, à cent louis la fiche, quand il paie ses paris et ses chevaux.... Ce n'est pas de jeter sa fortune à l'amour d'une courtisane, quand il ne lui jette que cela.

Ce qui déshonore un gentilhomme, mon oncle, c'est de mentir aux lois de l'honneur et de la probité ; c'est de se couvrir de son nom pour échapper à l'infamie ou au châtiment que de sales intrigues appelleraient sur tout autre ; aucun de ces crimes, je ne les ai faits.

Le jour où un créancier dira que j'ai trompé sa bonne foi, le jour où une femme de bien élèvera la voix contre moi en disant que j'ai perdu sa réputation ; le jour où un homme pourra se vanter de m'avoir fait l'ombre d'une insulte sans que je l'aie vengée à l'instant même, ce jour-là, vous pourrez dire que j'ai déshonoré mon nom de gentilhomme ; jusque là, gardez ces phrases vides pour ceux qui les méritent mieux que moi.

— Mais, reprit son oncle, vois la vie que tu mènes.

— Je la connais, dit Gustave en se jetant sur un canapé; je me ruine et je me tue.

— Malheureux, s'écria le vieux marquis; mais la misère peut venir avant la mort.

— Rassurez-vous, mon oncle, je calcule mieux que vous ne croyez : j'ai arrangé les choses pour que mon dernier écu sorte de ma caisse le même jour que mon dernier souffle sortira de mon corps; et, dans le cas où je me serais trompé, ce dernier écu me servirait à chasser ce dernier souffle, si ma vie était plus tenace que je ne l'ai prévu.

Le marquis se détourna.

— Oh! je vous comprends, reprit Gustave, ceci vous est désagréable ; ceci vous prive d'un magnifique mouvement oratoire d'oncle : « Mon neveu, je vous déshérite! »

— Change de manière de vivre, et toute ma fortune est à toi, dit le vieux marquis les larmes aux yeux.

— Il est trop tard, dit Monrion ; nous n'en sommes plus au siècle où l'on croyait à l'or potable pour faire revenir les moribonds.

— Gustave, dit le vieillard, et ce nom de tendresse familière fit tressaillir malgré lui le jeune débauché ; Gustave, il y a un souvenir que je ne voulais pas vous rappeler, car j'aurais craint de le souiller en le faisant apparaître dans cet asile d'immoralité ; mais, puisque rien ne peut vous toucher, il faut bien que je vous le rappelle :

Gustave, oubliez-vous donc que vous avez fait mourir votre mère de chagrin ?

— Ma mère ! ma mère !... s'écria-t-il !

Le comte de Monrion fit un pas

vers son oncle, les poings fermés, les lèvres convulsivement agitées, il mesura le vieux marquis d'un regard sinistre, tandis que celui-ci restait tristement immobile devant lui.

Ce calme aspect du vieillard imposa au jeune homme. Il détourna les yeux; et, par une singulière préoccupation, il les arrêta longtemps sur une petite tasse de porcelaine de Saxe posée sur une console; alors toute sa colère sembla s'enfuir avec le profond soupir qui s'exhala de sa poitrine.

Bientôt sa figure reprit cette expression de triste gaîté qu'il avait quand Victor était entré. Il se mit à sourire sardoniquement, et s'adressant à Victor, il lui dit :

— L'homme qui touche du bout du doigt à une femme ou à un vieillard est un lâche, n'est-ce pas? C'est du moins un des axiomes de la morale courante.

Mais quel nom devrait-on donner à la femme qui, forte de sa faiblesse, au vieillard qui, protégé par ses cheveux blancs, vous jette au visage une de ces accusations pour laquelle on demanderait tout son sang à un homme qui peut s'appeler un homme?

On eût dit que le marquis éprouvait un sentiment de colère pareil à celui qui venait d'agiter son neveu, et peut-être, contre tout autre que le fils de sa sœur, eût-il répondu par un défi à cette insolence, et cela malgré son âge et sa faiblesse.

Mais son ressentiment éclata d'une manière plus cruelle peut-être, car il lui répliqua :

— Monsieur le comte de Monrion, il n'y a pas de grande différence, en morale courante, entre demander tout son sang à un vieillard et épuiser la vie de sa mère dans les larmes.

— Encore! s'écria Monrion... Prenez garde... vous venez chez moi pour m'insulter... Prenez garde, Monsieur, ne tentez pas mes vices, puisque vous les connaissez si bien...

Avez-vous donc besoin que je fasse une action honteuse pour déshonorer mes derniers jours ?.. Eh bien ! vous ne l'obtiendrez pas...

Tenez... ajouta-t-il avec un ricanement furieux, parlez... maintenant je suis patient... dites que j'ai tué ma mère... que je l'ai empoisonnée !... assassinée !... que sais-je !... Je vous le permets... parlez... criez, radotez... je vous écoute...

Parlez donc... mais vous ne parlez pas ?..

Monrion se jeta sur un divan en riant d'un rire glacé... Il était livide... sa respiration était haletante et embarrassée comme le râle d'un agonisant.

Le marquis, qui le regardait d'un œil fixe, sembla perdre sa force... il chancela et quitta vivement le salon ; mais il ne put sortir de l'appartement, et se laissa tomber sur un siège, dans le salon qui précédait celui où venait de se passer cette scène.

Monrion fit un pas vers lui. Mais il s'arrêta et dit à Victor :

— Voyez ce qu'il a... confiez-le à ses gens... il me tarde d'en avoir fini...

Victor passa dans le premier salon, il trouva le vieux marquis qui se relevait péniblement et qui s'apprêtait à sortir; il lui offrit son bras.

—Laissez-moi, Monsieur, lui dit doucement monsieur de Montaleu, c'est une faiblesse indigne devant un pareil misérable... Mais que voulez-vous, en le voyant là, hâve, défait, usé, aussi perdu de corps que d'âme, en voyant la mort et le vice rire ensemble sur ses lèvres flétries, je me suis rappelé cet enfant si beau, si joyeux, si tendre, qui faisait l'orgueil et l'amour de sa mère ; et sur lequel, moi, j'avais mis toutes les espérances de notre famille ; je me suis rappelé le jeune homme brave, loyal, généreux (car il était tout cela), qui nous promettait un si noble avenir, et alors, je me suis senti saisi du plus horrible désespoir.

— Oh! mais si vous essayiez encore...

— Non, Monsieur... non... c'est fini... La main qui l'a poussé à sa perte pèse toujours sur lui... elle ne le lâchera qu'après l'avoir jeté dans la tombe... Fasse Dieu qu'elle ne l'y jette pas déshonoré.

Le vieillard fit un pas pour sortir.

Monrion, qui avait tout entendu, parut aussitôt, et dit d'un ton solennel :

— La main qui m'a poussé à ma perte, c'est la vôtre, Monsieur. ce sont vos sévérités cruelles. vos petites dénonciations à ma mère, vos sarcasmes contre tout ce que j'aimais, vos fureurs contre une femme qui échappait à votre haine... voilà ce qui m'a poussé à ma perte...

Quant à me pousser au déshonneur, sa main ni la vôtre ne le pourront jamais.

Monsieur de Montaleu ne daigna pas répondre à son neveu; il salua Victor et lui dit :

— Si jamais vous rencontrez sur votre route une femme qui s'appelle Léona de Cambure, fuyez comme si vous posiez le pied sur un reptile venimeux.

Adieu, Monsieur.

Après ces mots, monsieur de Montaleu sortit.

— Ah! c'est ainsi, s'écria violemment Mourion, c'est toujours la même accusation... Eh bien! ce sera toujours la même réponse.

Pour la première fois de ma vie j'hésitais... car elle avait dépassé toutes les limites de l'impossible en fait d'exigence, et je lui devais une compensation... et cependant j'hésitais.......

Mais il est encore venu me parler d'elle... Léona est toujours le dernier mot de ses reproches, ce sera le dernier de ma vie.

Monsieur, ajouta-t-il en se tournant vivement vers Victor, Léona m'a demandé ce tableau de la Vierge que vous avez fait. Venez-vous pour me l'offrir à un prix quelconque?.. si c'est votre intention, apprenez-moi quel est ce prix, je vous le donne.

— Je vous ai déjà dit, monsieur le comte, que ce tableau n'était pas à vendre. Et je vous dis, ajouta Victor sans s'arrêter au violent mouvement de dépit que laissa échapper Mourion, je vous dis que je suis trop honnête homme pour abuser d'un caprice...

— Ah!... dit Monrion en ricanant... vous aussi, Monsieur... vous me prenez en pitié, vous ne voulez pas abuser de ma folie...

Savez-vous bien que je n'avais pas besoin de cela pour vous demander raison de l'impertinence de votre refus?

— Monsieur le comte, vous m'avez dit que vous saviez que je n'étais pas homme à laisser passer de semblables paroles.

— Je ne l'ai pas oublié.

Concluons-donc : demain matin, ce tableau sera chez moi... ou bien je vous attendrai au bois de Boulogne avec des témoins... Je vous laisse vingt-quatre heures pour réfléchir...

— Toute réflexion est inutile; vous n'aurez pas ce tableau et je ne me battrai pas avec vous pour ce sujet.

— Si vous en voulez un autre, je vous le donnerai... Mais je me réserve de dire que l'insulte que vous me forcerez à vous faire n'a pas d'autre motif que la volonté que j'ai d'avoir ce tableau que j'ai promis à Léona.

Vous n'y gagnerez rien.

— Monsieur le comte, je me promènerai demain au bois de Boulogne, et, si vous m'y insultez, peut-être trouverez-vous qu'une insulte n'a pas toujours un duel pour résultat.

— Comptez-vous me tuer sur le coup?... Soit, dit Gustave, c'est une façon d'en finir tout comme une autre.

Seulement, vous venez de prendre un engagement qui m'autorise à vous traiter comme le dernier des hommes, si vous ne le tenez pas... mais je suis sûr que vous ne manquerez pas à votre parole...

Parlons d'autre chose... Vous êtes venu chez moi... veuillez m'en dire le motif... Je me mets tout à votre service, quoi que vous puissiez me demander...

Victor était mécontent : ce n'était pas la peur d'une rencontre ou d'une action terrible à faire qui lui donnait cette humeur; il avait prévu ce danger : ce qui l'arrêtait, c'était la supériorité de monsieur de Monrion.

Il se trouvait petit et commun avec ses habiles calculs et sa vaste ambition près de ce jeune homme qui mettait si lestement en jeu les débris de sa fortune et sa vie, pour un caprice de vanité. Victor ne voulut pas rester en dessous de cette forfanterie extravagante, et répliqua froidement :

— Puisque vous voulez bien m'offrir vos services, je les accepte.

— Je vous en remercie, Monsieur. Dites-moi donc en quoi je puis vous être utile.

— J'aurais besoin de vous pour retrouver madame Léona de Cambure.

— Vrai ? dit Monrion, qui ne put s'empêcher de paraître étonné.

— Je me suis présenté chez elle, et l'on m'a dit qu'elle était partie.

— En ce cas, répartit Monrion, vous en savez autant que moi.

Je suis allé chez elle en quittant votre atelier ; je lui ai dit mon peu de succès... J'ai été mis à la porte après quelques mots fort doux de sa part... ce qui veut dire qu'elle me pardonnera difficilement ma maladresse... et me voilà.

— Mais vous savez où la retrouver ?

— Pas du tout ?

— Ne la reverrez-vous plus ?

— Je la reverrai... dit Monrion avec un accent amer et triste... Oui, le jour où je vous aurai tué pour n'avoir pas voulu me vendre votre tableau, je la reverrai... Ou bien le jour où vous m'aurez tué... elle reviendra : — mais je ne la reverrai pas, dans ce cas, ajouta-t-il en riant.

— Pardon, Monsieur le comte, fit Victor d'un air supérieurement fat, l'affaire qui me fait désirer de voir madame de Cambure est plus importante que votre mort ou la mienne. N'avez-vous aucun renseignement à me donner ?

— Aucun ; mais je ferai pour vous... ce que je n'ai jamais fait pour moi...

Monsieur de Monrion sonna.

Un valet de chambre parut.

— Ecoute bien ce que je vais te dire, drôle... lui dit Gustave.

Tu es à mes gages pour m'espionner, je le sais... Léona me demande toujours des gratifications pour toi, afin que tu lui dises tout ce que je fais.

— Monsieur le comte peut-il croire...

— J'en suis sûr... je te paie trop bien pour que tu ne me trahisses pas supérieurement... Léona n'est pas femme à te laisser me voler. Mais, en retour de cette trahison, tu dois avoir quelqu'un de ses secrets. Tu dois savoir où elle est.

— Je jure à monsieur le comte.

— Quand ce ne serait que pour lui donner avis de ce que je deviens, tu sais comment arriver jusqu'à elle ?...

— Si je le savais...

— Je ne te le demande pas... Mais

voilà monsieur qui a besoin de le savoir... Monsieur, avec qui probablement je me couperai la gorge demain ou après demain... Il veut voir Léona, dis-lui où elle est... je te le permets...

Pardon, ajoute-t-il en se tournant vers Victor, je vous laisse avec Jean ; il sait ce que vous voulez savoir... Tâchez de le déterminer à parler... je vous le livre... C'est tout ce que je puis faire...

Adieu, Monsieur...

Monrion sortit, et le valet de chambre dit à Amab:

— Vous êtes monsieur Victor Amab?

— Oui.

— Eh bien ! peut-être pourrai-je vous dire demain si vous pouvez voir madame de Cambure.

— Où le saurai-je ?

— Je vous le ferai dire chez vous.

Victor quitta la maison de monsieur de Monrion, sans autre renseignement que cette vague promesse.

ANALYSE.

XV.

Cependant, il trouva que cette promesse pouvait lui permettre d'apporter une ombre d'espérance à madame Thoré, et il se rendit chez elle pour lui dire qu'il comptait voir le lendemain la personne qui pouvait lui donner des nouvelles de Charles.

Une fois encore, et pendant qu'il gagnait la rue Paradis-Poissonnière, Amab se mit à réfléchir sur sa position, et sur l'étrange suite d'évènements qui l'entraînaient malgré lui.

Jaloux d'obtenir à tout prix une renommée exceptionnelle, il avait fait à cette ambition des sacrifices réels. Mais Victor n'acceptait les mauvaises chances d'un évènement qu'autant que c'était lui qui engageait la partie ; et voilà que, depuis quelque temps, il n'était que l'instrument passif d'intérêts qui s'agitaient pour lui sans doute, mais contre son gré.

Ainsi lui était venu, d'un côté, l'amour exalté de Julie ; d'un autre, le désir fougueux de Léona, et pour les avoir repoussés tous deux, il se trouvait à la merci des douleurs d'une mère, en butte aux fureurs d'un pauvre fou. Madame Thoré lui demandait compte de la vie de Charles et du repos de Julie ; monsieur de Monrion voulait le tuer parce qu'il lui refusait un tableau.

Et tout cela, sans compter la vengeance de Léona, bien plus terrible dans son silence, que toutes les menaces de monsieur de Monrion ; sans compter la passion de Julie, qui devait se croire adorée après avoir entendu la scène de l'atelier.

Il vint dix fois à la pensée de Victor de prendre la poste et de fuir à quatre cents lieues, en laissant tout ce monde se dépêtrer à sa guise de l'embarras où chacun se trouvait. Mais c'était fuir, c'est-à-dire paraître avoir peur de monsieur de Monrion, de Léona ; c'était abandonner Charles, lorsque celui-ci pouvait dire un jour que Victor était de moitié dans les causes du danger auquel il avait été exposé. Amab n'hésita pas un moment. Il avait du moins les nobles côtés de l'orgueil dans ce qui se discute, s'il ne les avait pas dans ce qui se fait spontanément. Il se décida à rester.

Il avait cependant, au milieu de tous ces évènements, de toutes ces passions, une chose dont il se croyait le maître... c'était d'arrêter l'amour de Julie, quoiqu'il l'eût essayé sans y réussir.

Elle ne m'a peut-être pas compris, se dit-il, quand je lui ai dit devant sa mère qu'un amour comme le sien ne pouvait avoir aucune espérance ; je veux, aujourd'hui, qu'elle ne conserve plus aucun doute à cet égard.

Il est de mon honneur de détruire dans l'esprit de Julie, aussi bien que dans celui de madame Thoré, les idées que peut leur avoir donné le refus que j'ai fait à monsieur de Monrion de lui vendre mon tableau. De ce côté, du moins, je veux rester le maître d'agir à ma guise.

En conséquence de cette réflexion, il se hâta d'aller chez madame Thoré, autant pour la prévenir au sujet de Charles, que pour mettre à exécution sa dernière résolution.

S'il n'y avait pas des hommes qui, à vingt ans, se consacrent librement à la prêtrise, on se demanderait si Victor est un être possible; et encore pourrait-on se dire que celui qui se voue au service de l'Église porte en soi la vaste ardeur dans laquelle on comprend que s'absorbent toutes les autres, tandis que Victor, demeurant dans le monde, devait nécessairement y vivre des passions qui en sont la vie.

Avait-il cette chasteté qui n'admet pas une liaison irrégulière.

En ce cas, l'amour de Julie s'offrait à lui sous les voiles blancs du mariage, et tout ce qui entourait cette chaste fiancée venait admirablement en aide à ce bonheur, s'il était dans les désirs de Victor. Jeunesse, beauté, grâce, esprit, enthousiasme, noble et bonne famille, fortune, probité : que pouvait-il rêver de plus ?

N'était-ce point à ces deux asiles de la vie, à ces félicités chastes et durables que tendait son âme ardente? lui fallait-il les luttes de la passion? voulait-il donner sa vie aux manéges adroits d'une coquetterie raffinée, aux folles ardeurs d'une bacchanale amoureuse : en ce cas pourquoi dédaigner Léona?

En était-il là que, pour lui, l'amour ne fût pas le complément nécessaire du génie, que la femme ne fût pas le premier secret que l'on cherche à deviner? Oui, Amab en était encore là.

Parti de la misère, cet homme avait pesé la valeur de chaque minute, et comme il avait réglé l'ordre de ses travaux, il avait réglé l'ordre de sa vie.

Expliquons-nous.

Lorsqu'il vivait péniblement du salaire de ses journées, il n'avait jamais dit à ses camarades qu'un plaisir coûtait trop cher : il disait qu'il coûtait trop de temps. Ce mot, temps, renfermait bien plus de choses pour lui que le mot argent, il renfermait la gloire et l'avenir.

Arrivé à un commencement de fortune et de renommée, qui eût peut-être inspiré à un autre la pensée de reprendre haleine dans les douces contemplations du cœur, ou dans les frivoles occupations d'une aventure, Amab ne s'appuyait sur le terrain où il était monté que pour en gravir un plus élevé, et il se disait avec la même froideur qu'autrefois, et sans prétendre faire de la morale ou de l'immoralité : Une femme ou une maîtresse coûte trop de temps.

C'était une sordide avarice du trésor qui devait le faire grand. Il estimait trop le capital qui avait été tout son patrimoine, pour en livrer la moindre parcelle à l'amour ou à l'orgie.

Un jour devait venir, jour bien éloigné, où Victor se promettait les joies qui attiédissent les soucis brûlants des autres hommes ; mais jusque-là, en fait d'amour, il avait vécu de bien peu, ou plutôt de rien, ou si l'on veut que nous soyons plus explicite : il avait vécu de pain noir.

Sur d'autres chapitres, Victor était moins réservé.

En effet, à part la privation du nécessaire, il s'accordait volontiers le superflu. Il avait un cheval, il allait à l'Opéra, on le rencontrait dans le monde.

Pourquoi cela ? Pourquoi accepter de pareilles distractions, lorsqu'on fuit l'occupation la plus douce ? C'est que le temps qu'elles prenaient profitait au temps du travail. Le cheval avait été recommandé pour la santé ; ne pas être du balcon de l'Opéra quand tout le monde en est, c'eût été se mettre au-dessous de monsieur L.....

D'ailleurs, c'est là qu'on entame les riches liaisons qu'on poursuit dans le monde.

C'est aussi dans ce but que Victor avait un riche appartement et un luxueux atelier. Il y avait du boutiquier dans l'artiste.

Comment cela pouvait-il s'accorder avec le génie réel de Victor ? Cela s'accordait dans un sentiment prédominant, l'ambition qui méprise souvent les moyens qu'elle emploie.

Il se pourra qu'un jour Victor,

riche et renommé, peigne ses chefs-d'œuvre dans un galetas, nu et froid, si cette transformation doit le poser originalement ; comme il se pourra qu'il dissipe le prix de ses tableaux en folies, pourvu qu'elles aient de l'éclat.

Voilà l'homme tel qu'il était au moment dont nous parlons.

Et maintenant, était-il réservé à une belle jeune fille, au cœur plein de limpides et brûlantes ardeurs, de le faire dévier de cette résolution glacée, ou bien un pareil triomphe appartenait-il aux provocations hardies d'une courtisane ?

Ni à l'une — ni à l'autre.

C'eût été là sa réponse, si on lui eût fait une pareille question. Aussi, comme nous l'avons dit, s'était-il résolu à briser le rêve de Julie.

Voilà où il en était lorsqu'il arriva chez elle.

Hélas ! combien Julie était loin de croire à un pareil malheur.

Rentrée dans sa maison avec sa mère, qui l'avait quittée aussitôt, Julie avait tout fait pour ne penser qu'à son frère absent, peut-être perdu, peut-être mort.

Mais au-dessus de la voix du devoir, au-dessus de la voix d'une véritable affection fraternelle, parlait une autre voix plus puissante ou plutôt mieux écoutée : c'était la voix de Victor refusant les propositions de monsieur de Monrion, c'était cette voix disant :

« L'amour d'un homme est comme l'honneur d'une femme ; rien ne le peut payer. »

Ainsi donc, pensait-elle, cette image furtivement dérobée était le plus cher trésor du jeune artiste. Cette image, il l'avait sanctifiée, pour l'adorer plus chastement ; car c'était plus qu'un amour, c'était une religion.

Ah! que Julie était fière et heureuse d'être aimée ainsi! Quels doux retours devaient payer ce culte enivrant, et combien elle devait aimer cet homme pour se dire qu'elle ne serait pas ingrate envers lui !

Elle n'avait été qu'un moment chez lui, et là, le cœur oppressé d'un chagrin de famille, le cœur inondé d'une joie inattendue, elle avait cependant tout vu ; elle avait compris ce luxe pittoresque de l'artiste, elle avait aimé cet arrangement bizarre, ces souvenirs de tous les âges, de tous les peuples et de tous les états : armes, éventails, meubles, marbres grecs, boiseries flamandes, bronzes romains, l'Inde, la Chine, l'Amérique, le monde passé et le monde vivant, tout cela raelle entendait cette voix qui avait dit quelques mois avant, que l'amour d'un homme ne peut se payer... Amour qui est payé maintenant ; car les rêves de Julie n'étaient déjà plus dans le présent, ils couraient dans l'avenir, heureux, charmants et chastes cependant : car, dans cet asile où elle se voyait, Julie n'avait pris sa place qu'au grand jour.

massé, étalé dans ce salon tout assombri de tentures aux longs plis ; elle avait tant aimé tout cela, et dans tout cela, la jeune enfant à l'imagination aventureuse s'était fait une place où elle se voyait heureuse, aimée, triomphante, couronnée du nom de son époux.

C'était là, au coin de cette haute fenêtre à vitraux, dans ce vaste fauteuil en chêne bruni, qu'elle s'asseyait, blanche, svelte, ses pieds sur un carreau de Perse éblouissant d'or usé, les pieds dans ces babouches turques... De là, elle voyait dans l'atelier courir sur la toile le pinceau inspiré de son jeune époux ; de là,

TÊTE-A-TÊTE.

XVI.

On annonça Amab au milieu de ce rêve... Julie eut peur et voulut fuir...

On avait prévu que Victor pourrait apporter des nouvelles de Charles, on avait ordonné de l'introduire.

Amab se trouva donc seul avec Julie. Elle était pâle à faire peur.

Si froid et si égoïste qu'il fût, il ne se sentit pas le courage de frapper au cœur cette jeune fille, lorsque sa mère n'était pas là pour écouter ses plaintes et recueillir ses larmes.

Julie vit son étonnement et sa tristesse ; elle le remercia en son cœur de sa timidité. Quel mirage que l'amour! Cet embarras lui donna du courage.

— Nous apportez-vous des nouvelles de Charles? lui dit-elle.

— Aucune encore, Mademoiselle; mais il est probable que demain j'aurai vu la personne qui peut nous expliquer, je l'espère du moins, sa disparition. J'étais venu pour apprendre cela à madame votre mère.

— Elle est absente, dit Julie en baissant les yeux.

Victor était resté debout. Lui offrir un siége, c'était lui dire : restez..... ne pas le faire, c'était lui montrer qu'elle ne pouvait accepter sa visite en l'absence de sa mère. Elle voulut lui laisser la liberté d'agir.

— Ma mère vous est bien reconnaissante, Monsieur, des peines que vous voulez bien vous donner... Ce que vous venez de me dire lui rendra sans doute un peu d'espoir ; car nous n'avons absolument rien appris, ni par mon père, ni par monsieur Villon, qui ont recommencé leurs recherches d'un autre côté.

Victor était non moins embarrassé ; il cherchait quelque chose à dire, il crut l'avoir trouvé. Il avait reculé devant l'idée de frapper le cœur de Julie dans son amour pour lui, mais il n'eût pas hésité à tout dire à sa mère. De même, il eût hésité à dire à la mère les craintes qu'il éprouvait pour Charles, et il se résolut à les révéler à sa sœur. Il faisait passer ainsi le mal qu'il avait à faire par les cœurs qu'il jugeait devoir y être le moins sensibles.

— Je ne dois pas vous le cacher,

Mademoiselle, lui dit-il, l'absence de Charles me paraît incompréhensible.

Les projets d'un homme, si discret qu'il soit, s'échappent toujours par quelques paroles auxquelles on ne prend pas garde quand il les prononce, mais qui vous éclairent plus tard sur ses intentions, quand on se les rappelle; j'ai donc bien cherché dans ma mémoire, et rien n'annonçait chez lui la volonté de fuir, seul ou avec quelqu'un. Je crains un complot.

— Oh! mon Dieu! Est-ce possible, Monsieur?

— Ayez le courage de ne pas laisser espérer à votre mère que Charles s'est laissé entraîner à une fuite par quelque séduction... Charles n'aimait personne...

Julie baissa les yeux.

— Il n'aimait que sa famille ; il ne trouvait le bonheur que dans son sein. Il doit y avoir eu quelque violence...

— Ah ! parlez, Monsieur, vous savez quelque chose... Si vous le savez, dites-le moi; si c'est un malheur, j'en adoucirai l'horreur à ma mère. Que savez-vous ?

— Rien, sur mon honneur... rien, mais je suppose, je crains...

— Que craignez-vous ? Oh ! par

pitié pour ma mère, n'hésitez pas à tout me dire.

— Eh! bien Mademoiselle, je puis craindre que Charles n'ait été la victime d'une vengeance.

— De la part de qui?... A-t-il jamais fait du mal à quelqu'un... lui, si bon, si gai !...

— La gaîté est souvent une triste conseillère; elle pousse à des actions qui paraissent plaisantes et qui sont cruelles... la blessure qu'on fait en riant n'est pas la moins cuisante.

— Est-ce un homme qu'il a offensé?... Mais un homme se venge par les armes, et comme vous nous le disiez, on est averti des suites d'un

duel, quand on n'a pu le prévenir..,
Serait-ce donc une...

— Une femme... peut-être, dit Amab.

— Alors, dit Julie, je ne comprends pas.

— Supposez que Charles l'ait insultée dans son orgueil... Supposez....

Julie rougissait, Victor s'arrêta ; le trouble de la jeune fille l'avertit qu'il abordait un sujet sans doute peu convenable.

Mais ce doux embarras n'avait pas cette dignité hautaine qui impose silence, c'était comme une humble prière de ne pas abuser de ce qu'il pouvait lui faire entendre.

Un moment après il reprit :

— Mais, en vérité, je vous alarme sans motif; je ne sais rien, je n'ai aucun indice; mais je cherche, et mon esprit se prend à la moindre ombre de probabilité. Demain, sans doute, je pourrai vous en dire davantage. J'ai eu tort de vous parler ainsi...

Ne répétez donc pas à votre mère ce que je vous ai dit, ce serait peut-être lui causer sans raison un chagrin bien vif...

— Je me tairai, repartit Julie.

— Je vous en serai reconnaissant.

— Vous savez que je suis discrète, lui répondit-elle, en baissant les yeux.

C'était lui rappeler le secret qu'elle lui avait gardé à propos de cette image qu'il avait enlevée au vol de son crayon... Amab tressaillit... il regarda son modèle et sembla découvrir qu'il n'avait qu'imparfaitement compris cette parfaite beauté.

L'admiration du peintre se ralluma à ce nouvel aspect de cette tête divine. Elle lui fit oublier pourquoi il était venu, et il murmura tout bas :

— Ah ! si je vous avais vue ainsi,

je vous aurais faite plus belle encore !

Elle osa le regarder encore, et tout son amour glissa jusqu'à lui, sur un rayon d'azur.

Alors il la comprit, et triste, désespéré de ce qu'il venait de dire, ému de cette foi chaste et libre qu'avait en lui... cette âme d'enfant... il reprit :

— Oh ! si vous saviez...

— Taisez-vous, s'écria vivement Julie en s'éloignant, voilà monsieur Villon qui rentre.

Julie crut avoir arrêté un aveu.

Elle seule avait tout dit en imposant silence à Victor.

C'était en effet la voix du commis qui demandait monsieur et madame Thoré, et qui entra rapidement dans le salon. Il les mesura tous deux d'un regard rapide, et le trouble de Julie, l'humeur de Victor lui furent une preuve qu'il y avait eu un change d'aveux entre les deux amants.

Victor salua pour se retirer. Julie, offensée du regard de Villon, dit tout haut :

— N'oubliez pas que ma mère vous attendra demain toute la journée, pour savoir ce que vous aurez appris de Charles.

Elle expliquait ainsi la présence de

Victor et protégeait son retour. Elle seule eut du courage, car elle seule avait de l'amour.

Victor salua monsieur Villon.

PROVOCATION.

XVII.

Le lendemain, Amab était monté à cheval et se promenait au bois de Boulogne. Il voulait en finir à tout prix avec la sotte situation dans laquelle il s'était placé.

Le matin même, un mot de Léona lui avait été remis par le valet-de-chambre de monsieur de Monrion.

« Vous me verrez plus tôt que vous ne le pensez, » disait ce billet.

Victor avait toujours à redouter les atteintes cachées de cette femme ; et d'après ce qu'il avait vu du comte de Monrion, il ne doutait pas que celui-ci ne tînt la parole qu'il lui avait donnée de l'amener à un duel par quelque grossière provocation.

Il s'était donc décidé à se présenter hardiment au piége caché que pouvait lui tendre Léona, comme à l'insulte publique dont l'avait menacé Gustave.

Amab était au bois de Boulogne depuis une demi-heure à peu près ; il n'avait point rencontré monsieur de Monrion et ne s'était point aperçu qu'aucun des cavaliers qui l'avaient croisé le regardât d'une façon particulière. Il commençait à se rassurer sur les menaces dont il était l'objet, lorsqu'il vit tout-à-coup s'arrêter à quelques pas devant lui un cavalier que sa vue parut frapper.

— C'était un jeune homme, presque un enfant, à en juger par la douceur de ses traits, la blancheur rose de son teint. Mais d'épaisses moustaches noires donnaient à son visage un caractère presque cruel.

A peine cet individu eût-il aperçu Amab, qu'au lieu de continuer sa route et de le croiser, il retourna son cheval et.le fit marcher pendant quelques instants en avant de Victor.

Amab, curieux de connaître mieux la figure de celui qui l'avait si particulièrement examiné, gagna peu à peu du terrain; il n'était plus qu'à quelques pas de ce jeune homme, lorsque celui-ci retourna encore son cheval, et se trouva tout d'un coup face à face et côte à côte d'Amab.

Victor n'était pas revenu de la surprise que lui avait causée ce brusque mouvement, qu'il avait reçu, à travers le visage, un violent coup de cravache. Amab, furieux, leva la canne qu'il avait à la main, mais déjà le jeune homme avait poussé vivement son cheval en avant, et prenait la fuite.

Aussitôt, Victor se mit à la poursuite du lâche qui fuyait après l'avoir insulté.

Mais celui-ci avait une assez grande avance. Il quitta bientôt l'allée d'accacias où s'était passée cette scène, et, toujours fuyant, toujours poursuivi, il arriva dans cette partie du bois de Boulogne qui touche presque à la Seine et qui aboutissait alors à un bac, vis-à-vis de Suresne.

Pendant quelque temps, l'homme que poursuivait Victor semblait se faire un jeu de lui laisser gagner du terrain pour fuir ensuite avec plus de rapidité, et l'exciter dans cette course par l'espérance toujours prochaine d'atteindre son ennemi, espérance à chaque instant déçue.

Mais, depuis quelques moments, la force paraissait prête à manquer au cheval et au cavalier. Victor était sur le point de les atteindre.

L'inconnu tenta un effort désespéré, il enfonça les éperons dans le ventre de son cheval; l'animal, rétif, rua, se cabra, et le cavalier roula sur le gazon de la route déserte où il avait entraîné Amab.

A son tour, celui-ci descendit de son cheval pour avoir enfin raison de son ennemi ; mais celui-ci semblait évanoui ; son chapeau était tombé à quelques pas de lui.

Qu'on juge de la surprise d'Amab, en voyant de longues boucles de cheveux noirs s'épandre autour de cette tête pâle et charmante. Les noires moustaches avaient disparu, le gilet était entre ouvert ; l'insolent insulteur était une femme : cette femme était Léona.

Toute la colère d'Amab changea pour ainsi dire de face.

En reconnaissant Léona, il passa de l'ardent désir de se venger à la rage de ne le pouvoir plus; alors, il se mit à considérer cette femme dont il avait à peine entrevu la beauté, le jour où elle avait été outragée d'une façon si infâme dans son atelier.

Comme il l'avait trouvée belle ce jour-là, il la trouva belle encore; mais, pour la première fois de sa vie, le cœur d'Amab éprouva un autre sentiment que celui de l'admiration pour la beauté physique. L'action hardie de cette femme qui n'avait remis qu'à sa propre main le soin de venger son injure, lui fit penser que sa nature était de celles avec lesquelles il y a quelque mérite à se mesurer.

Pour la première fois de sa vie, Victor se trouva dans le cœur la pensée de commander à un autre cœur. C'est là le commencement d'un grand amour, quand la femme qui l'inspire a l'habileté de ne pas le laisser triompher trop vite !

Cependant Léona restait immobile, elle était tout-à-fait évanouie, et, pour mille raisons qui passèrent comme une éclair dans la tête d'Amab, il devait lui donner des secours ; si ce n'était par pitié, ce devait être par vengeance ; si ce n'était pour lui demander raison de l'injure qu'il en avait reçue, ce pouvait être pour lui demander compte de la disparition ou peut-être de la vie de Charles.

Il s'approcha d'elle, la mit sur son séant, défit la cravate qui la suffoquait, appela l'air sur son front, et s'arrêta dix fois dans ses soins empressés pour admirer cette fière beauté ; enfin, quelques minutes s'étaient à peine écoulées qu'il éprouvait la plus triste inquiétude en voyant cet évanouissement se prolonger sans qu'il pût lui porter aucun secours efficace.

Tout-à-coup des pas de chevaux se

firent entendre dans une allée latérale. Léona tressaillit, et Victor allait appeler, lorsqu'il entendit à travers le feuillage la voix flûtée de monsieur Monrion, criant d'un ton moqueur :

— Qui diable vous a donc dit avoir vu monsieur Amab dans le bois ? J'étais bien assuré que ce petit monsieur y regarderait à deux fois avant de jouer avec moi une partie plus sérieuse que celle qu'il a jouée pour l'honneur de sa belle banqueroutière.

Ceci faisait allusion au duel d'Amab pour le portrait non payé.

Amab, qui était à genoux près de

Léona, fut sur le point de se lever, mais la main qu'il tenait dans la sienne se serra doucement.

Il regarda Léona : ses yeux s'entrouvraient et semblaient chercher à sortir des ténèbres où ils étaient encore plongés. Ses lèvres s'agitaient comme si sa bouche aride eût demandé une eau glacée. De brusques tressaillements parcouraient tout son corps ; et Amab épiait encore sur le visage de Léona son retour à la vie, que Monrion, et ceux qui l'accompagnaient, étaient déjà bien loin.

Léona rouvrit enfin les yeux. Elle promena pendant quelques instants un regard effaré sur tout ce qui l'entourait ; puis elle arrêta ce regard sur Victor, et parut ne pas le reconnaître.

Mais tout-à-coup elle pousse un cri et se relève si brusquement qu'Amab se trouve à genoux devant elle, pendant qu'elle le considère, la colère et la menace dans les yeux.

Qu'elle était belle ainsi, la bouche frémissante, les narines gonflées, l'œil en feu, le sein battu par une respiration haletante. Amab oubliait en la regardant l'injure qu'il avait faite à cette femme, l'injure qu'il en avait reçue, et pourquoi il était ainsi à ses genoux.

Quand cette pensée lui vint, il voulut laisser à Léona l'embarras de prononcer la première parole, et il resta immobile. Alors, il put voir courir, sur ce front animé, les mille pensées qui s'y heurtaient jusqu'à l'instant où une sorte d'étonnement se peignit dans l'œil toujours immobile de Léona.

Alors seulement elle parut s'apercevoir qu'elle était debout devant son ennemi resté à genoux devant elle.

Comme si cette position de l'un et de l'autre lui révélât tout-à-coup à quel but devait tendre sa vengeance, un sourir de triomphe agita les lèvres de Léona. Son œil inonda Amab d'un éclair fauve et brûlant ; mais, à l'instant même, et comme si elle eût chassé bien loin d'elle cette pensée, une triste langueur se répandit sur tous ses traits. Ses yeux semblèrent se noyer dans une lumière voilée, et d'une voix douce comme les sons d'une flûte lointaine dans le silence du bois, elle dit à Amab :

— Monsieur, je serai à vos ordres, à l'heure et au lieu qu'il vous plaira de choisir : j'aurai des armes et j'amènerai des témoins.

Une pareille provocation, partie de la bouche d'une femme, doit faire sourire l'homme à qui elle est adressée, alors même que l'amazone, qui offre le combat, parle d'une voix impérieuse et ferme, mais lorsque sa parole a la douceur de l'enfant qui supplie et qui a peur, lorsque le regard qui doit guider l'épée et le pistolet se baisse avec pudeur devant le regard de l'ennemi ; alors, l'homme à qui l'on parle ne rit plus ironiquement, mais il se sent pris d'une douce pitié pour l'être faible dont le courage a dépassé la force, pour le débile téméraire qui veut se venger par les armes, et dont le bras ne peut pas supporter l'épée à laquelle il en appelle.

— Madame, répondit Victor, vous

m'offrez un combat que je n'accepte pas, et vos armes ne m'atteindront jamais; à moins qu'il ne vous plaise de me frapper par surprise de votre épée, comme vous avez fait de votre cravache.

— Vous ai-je blessé? s'écria Léona d'une voix émue, et comme inquiète du mal qu'elle avait pu faire à Victor.

Et à l'instant même, elle sembla encore chasser ce mouvement de pitié; et elle reprit d'une voix entrecoupée :

— Puisque vous ne daignez pas me demander raison de l'injure que je vous ai faite, c'est à moi à vous demander compte de celle que vous m'avez value.

— Oh! Madame, reprit Amab, oubliez...

— Oublier!... s'écria-t-elle alors en cachant son visage dans ses mains, oublier que vous m'avez jetée aux bras d'un misérable, oublier que vous m'avez prostituée aux rires d'une foule d'insolents?.. Oublier!.. Oh! on n'oublie pas de pareilles horreurs... On en meurt quand on ne peut s'en venger...

Et, ajouta-t-elle en laissant tomber quelques larmes, on en meurt encore... si jamais on se venge.

— N'y a-t-il au monde aucun

moyen de vous faire croire aux profonds regrets que j'éprouve, dit Amab en se relevant; n'y a-t-il aucune réparation qu'un homme comme moi puisse offrir à une femme comme vous, pour obtenir son pardon ?

Léona se recula de quelques pas comme pour mieux examiner Amab. Elle semblait se demander par quel côté faible on pouvait attaquer cet homme.

Quelquefois, elle paraissait prête à parler, comme si elle avait enfin trouvé la parole qui devait lui arriver; mais aussitôt elle s'arrêtait comme si elle craignait d'être vain-

-cue dans la lutte en l'engageant maladroitement.

Tout-à-coup une pensée plus résolue sembla se présenter à son esprit. Elle dirigea sa main vers Amab, qui restait immobile, et lui montrant la place où, un moment avant, il était à genoux devant elle, elle lui dit d'une voix brève et profondément altérée :

— Là... là, comme vous étiez tout-à-l'heure...

Amab ne rougit pas de demander pardon à une femme dans cette humble posture, et se remit à genoux.

Lorsqu'il fut ainsi, elle se rapprocha tout-à-fait de lui et se reprit à le regarder comme elle l'avait regardé.

— Eh bien! lui dit Amab, avec un accent humble et caressant, pardon! pardon!..

— Non, non, ce n'est pas cela, lui dit-elle d'une voix presque éteinte, et paraissant chercher la trace d'un souvenir effacé; non, ce n'était pas ce mot pardon que vous me disiez tout-à-l'heure, ajouta-t-elle avec une singulière émotion. Vous étiez là à genoux; vous me regardiez autrement... J'ai cru lire dans vos yeux...

Il semblait que la raison de Léona se fût perdue à la recherche d'un souvenir qu'elle ne pouvait retrouver tout entier, et elle dit à Amab, avec un sourire qui touchait presque à la folie :

— Oh ! oui, vous me regardiez ainsi, et vous me parliez...

— Que vous disais-je donc? fit Amab.

— Que me disait-il? reprit Léona d'une voix d'enfant et avec un regard qui ne semblait plus voir dans le monde réel..... Ne me disait-il pas qu'il m'aimerait?

Deux larmes s'échappèrent de ses yeux levés au ciel.

— Et si je vous dis que je vous aime?... dit Amab, qui ne put résister à l'enchantement que cette femme exerçait sur lui, et qui voulait la ramener à la vérité de leur position.

— Toujours ainsi, dit-elle en souriant étrangement, toujours à genoux, reprit-elle, toujours repentant?

— Toujours, répondit Amab.

Léona se pencha vers lui, comme si ses lèvres eussent cherché le front de Victor; mais, comme si elle eût approché d'un serpent, elle se rejeta soudainement en arrière en s'écriant :

— Oh! folle, folle que je suis!... Non, non, plutôt mourir que de faire une pareille lâcheté! Non, non, Monsieur, je vous hais, je ne vous pardonnerai jamais!

— Léona! Léona! lui dit Victor en cherchant à la retenir, il n'y a que le mal que l'on fait volontairement qui est impardonnable, et cet amour esclave que vous avez rêvé et que je vous offre... moi... ne peut-il pas vous faire oublier?...

— Est-ce que vous pouvez oublier, vous? reprit Léona, en le regardant froidement.

Amab ne répondit pas et baissa les yeux.

Une nouvelle colère s'alluma dans le cœur de cette femme, et elle lui dit alors, du ton d'une cruelle raillerie :

— Oui, Monsieur, c'est vrai, lorsque revenue de mon évanouissement, je vous ai vu à genoux devant moi, une folle idée, une idée de femme m'a passé par la tête, et je me suis dit:

Oui, ce serait là une véritable vengeance! Oui, faire languir à genoux, devant moi, l'amour de cet homme qui m'a si outrageusement dédaignée, lui laisser user sa force, son courage et ce génie qui m'avait rendue folle, en désirs impuissants, en prières inutiles et en tourments jaloux; ce serait là une vraie vengeance!

Mais un moment est venu où j'ai compris que je n'aurais peut-être pas assez de force contre vous.

Alors je suis revenue à ce projet de vous donner la mort... Car, si faible que je sois en apparence, si renommé que puisse être un homme pour son adresse, je ne le redouterais pas, une épée à la main. Non! dit-elle avec fureur, je n'aurais eu peur de personne...

Un soupir désespéré s'échappa de la poitrine de Léona, et elle reprit :

— Et j'ai eu peur de vous... je n'aurais pas osé vous tuer, et vous eussiez peut-être dédaigné de me frapper; et c'est assez d'humiliation comme cela, Monsieur.

Puis enfin, tout-à-l'heure, ajouta-t-elle d'une voix pleine de larmes, j'ai essayé de retrouver le premier rêve qui m'était apparu ; mais ce n'était plus comme une vengeance, c'était comme une consolation. Ce rêve, vous me l'avez arraché, Monsieur.

J'ai cru, moi, que je pouvais oublier une injure ; vous avez eu soin de me montrer que vous ne l'oublieriez pas. Adieu, Monsieur, le mieux est que nous ne nous revoyions jamais.

Demain j'aurai quitté la France pour toujours.

Léona se détourna après ces paroles.

Amab s'élança vers elle, en lui disant :

— Eh! bien moi, je veux vous revoir, car je veux vous aimer, non pas dans l'espoir que vous m'aimerez, mais pour obtenir du moins votre pardon.

— Fou que vous êtes, lui dit Léona en prenant tout-à-coup l'inflexion aisée et naturelle d'une simple conversation, le pardon d'une femme, c'est son amour.

— Eh bien! j'aurai le vôtre.

— Jamais.

— Préparez-vous donc à me dire

ce mot toute votre vie, car je vous demanderai sans cesse votre amour.

—Mais, pour cela, il faudrait me revoir, et c'est ce que je ne veux pas.

— Permettez-moi, en ce cas, de ne pas vous quitter, lui dit Amab, car il y a quelqu'un dont il faut que je vous parle.

—Oh! je sais!.. fit Léona avec un mouvement d'impatience nerveuse... Eh bien! vous pouvez rassurer la tendresse inquiète de sa mère, celle de sa sœur, si toutefois il lui reste une pensée pour son frère... Il n'est pas mort.

— Mais, où est-il?

Léona posa vivement sa main sur

la main d'Amab, comme pour lui imposer silence; elle parut écouter un bruit lointain, et repartit vivement :

— Ici, demain, à la même heure, je vous le dirai.

Aussitôt elle sauta légèrement à cheval, et disparut rapidement dans la direction où se faisaient entendre quelques voix, parmi lesquelles Amab crut reconnaître celle de monsieur de Monrion.

Oh! se disait-elle en s'éloignant, il y viendra lui; mais elle!.. elle! Allons! »

La première scène de la comédie avait réussi; elle alla jouer la seconde près de Monrion.

EXCUSES, PROJETS D'AMOUR.

XVIII.

Amab, demeuré seul, ne songea point à comprendre le nouveau sentiment dont il était agité. Seulement, il lui sembla qu'il y avait un siècle entre le jour où il était et le lendemain.

Et cet homme, dont chaque heure avait son occupation prévue et son labeur ambitieux, se demanda pour la première fois de sa vie ce qu'il ferait jusqu'au moment où il pourrait revoir Léona.

Cependant le souvenir du nom de monsieur de Monrion et du dédain avec lequel celui-ci avait parlé de lui, lui revint bientôt.

Jusque-là, Amab avait accepté avec courage, mais avec déplaisir, la chance d'une fâcheuse rencontre avec ce fou débauché; mais à peine Léona était-elle partie qu'il éprouva, pour ainsi dire, le besoin de cette rencontre. Il remonta à cheval, et recommença sa promenade dans le bois de Boulogne.

Ses recherches furent longtemps inutiles ; mais enfin, et au moment où il se décidait à rentrer dans Paris, Amab aperçut Gustave qui lui-même regagnait la Porte-Maillot.

Victor précipita la course de son cheval de manière à se trouver auprès du comte en même temps que quelques cavaliers qui venaient de l'avenue de Neuilly.

Amab voulait des témoins de la scène qui allait sans doute se passer.

Lorsqu'il arriva à côté du comte, il le dépassa de quelques pas, et se retourna ensuite vivement comme avait fait Léona.

Monsieur de Monrion parut aussi fort étonné de ce brusque mouvement; mais, en reconnaissant Amab, il s'inclina en souriant, et lui dit, en lui tendant la main :

— Pardon, monsieur Amab, vous êtes un brave garçon, je le dis tout haut pour que tous ceux qui nous entourent puissent m'entendre. Je vous fais mes excuses de toutes mes folles menaces.

Amab rangea son cheval à côté de celui du comte, et ils marchèrent un moment l'un près de l'autre.

Pendant ce temps, monsieur de Monrion lui dit encore :

— Nous n'avons plus envie de votre tableau ; c'est un autre caprice qu'il faut satisfaire, et celui-là, en apparence plus difficile à contenter, ne trouvera pas peut-être autant d'obstacle que celui dont on m'a affranchi.

— Je vous en félicite, lui dit Amab, qui n'avait pu résister au ton de franchise avec lequel monsieur de Monrion lui avait parlé.

— Vous, lui dit Gustave en riant, vous... c'est étrange; et pourtant, ajouta-t-il avec un soupir, c'est possible..... Oh! les femmes! les femmes!.. Mais elle le veut.....

— Elle le veut... répéta Amab ; mais de qui parlez-vous donc?

— Vous ne la connaissez pas? repartit amèrement Monrion ; tant mieux... ne la connaissez jamais... vous y laisseriez votre jeunesse et votre génie, comme j'y ai laissé ma jeunesse et ma fortune.

Puis il ajouta en saluant légèrement Amab de la main :

— Mais elle le veut.

Victor ne pouvait en douter, c'était Léona qui avait inspiré à monsieur de Monrion le projet de le provoquer publiquement; c'était elle qui venait sans doute de le détourner de ce pro jet. Il ne pouvait douter de quel prix elle payait cette obéissance.

A cette pensée, son cœur se serra.

En quittant Léona, Victor était amoureux; en quittant monsieur de Monrion, Victor était jaloux.

Alors, il éprouva ce tumulte d'idées, cette confusion de sentiments où la volonté se perd, où la force s'épuise, et où l'homme ne semble plus se rattacher à la vie que par un seul point, celui où il doit retrouver l'être qui a jeté en lui ces étranges et nouvelles perturbations.

Les paroles bisarres de monsieur de Monrion n'avaient point effrayé Victor; il ignorait encore trop l'amour pour en prévoir les dangers.

Il le rêvait comme une conquête et non pas comme un esclavage. Il ne croyait pas même à la servitude de monsieur de Monrion, parce que celui-ci l'avouait. Il ne se doutait pas de cette inconcevable puissance qu'on renie, qu'on méprise et qu'on subit.

Monsieur de Monrion lui paraissait un sot qui faisait de la vanité avec une chaîne qu'il ne daignait pas briser, et il n'eût pas compris les paroles d'un homme prudent qui lui eût dit :

« Je fuirai cette femme, car si je

la revoyais, je l'aimerais, et le jour où je l'aimerais, elle me pousserait à tout, même au mal, si elle le voulait. »

Amab croyait qu'il reste un sentiment de libre dans le cœur de l'homme, lorsque l'amour s'en est emparé. Jamais victime plus confiante ne s'avança avec plus d'audace vers l'embûche où elle doit périr.

Quelque chose cependant l'épouvantait dans l'amour qu'il rêvait avec Léona. C'était ce qu'elle avait été. De quel amour l'aimait-il donc déjà, pour que cette pensée le torturât? Sentait-il qu'il pouvait donner tout son avenir à cette femme, pour qu'il se crût le droit de lui demander compte de son passé.

« Oh! se disait-il, si je l'avais rencontrée jeune, pure, avant que le monde ne l'eût séduite et perdue par ses misères et ses vertiges! oh! que je l'eusse aimée, et que c'était bien là la femme qui eût également convenu à mon âme et à mes projets! »

Ce fut durant ce rêve qui rendait à Léona tout l'éclat virginal qu'elle n'avait plus, ce fut pendant qu'il encadrait, dans son imagination de poète, cette tête brune et ardente dans les voiles blancs d'une chaste vestale, que, par une sorte de métamorphose pareille à celle que produisent certains jongleurs par le jeu des lumières et de la couleur, ce portrait idéal qu'il se faisait ainsi, perdit peu-à-peu ses teintes trop accusées; la hardiesse du front s'humilia, la contraction des sourcils se détendit doucement, la flamme des yeux s'attiédit, l'amère expression des lèvres s'épanouit en un sourire angélique, et à la place de Léona, Victor vit le visage de Julie tout rayonnant de pureté, tout rayonnant aussi de l'amour qu'elle avait pour lui.

Ce qu'il rêvait qu'avait été Léona,

Julie l'était maintenant : cœur sans reproche et sans vengeance, dont il pouvait tout accepter, auprès duquel il n'avait rien à oublier.

« Oh! s'écria-t-il dans un soudain mouvement, et comme un homme qui vient d'être frappé d'une lumière éblouissante, c'est celle-là que je dois aimer. »

Aussi rapide dans l'exécution de sa pensée que sa pensée elle-même, il dirigea sa course vers la demeure de Julie.

Singulière bisarrerie que ce désir d'aimer la chaste et pure jeune fille, parce qu'il avait senti palpiter en lui l'amour de la courtisane!

L'amour est-il donc un breuvage si enivrant que les lèvres en deviennent altérées, même quand elles l'ont goûté dans une coupe empoisonnée ? Mais pourquoi chercher à donner une raison à ce qui souvent n'en a aucune.

L'âme de Victor venait d'être arrachée à sa torpeur par une voix enchanteresse, son heure était venue. Mais pour qui était-elle venue ?

Il se croyait encore le maître de le décider, comme si l'homme décide quelque chose en amour !

En vérité, on n'est pas plus niais à quinze ans, que victor ne l'était à vingt-cinq.

Durant le trajet qu'il avait eu à parcourir, entre les Champs-Élysées et la demeure de madame Thoré, Victor s'était fait les plus beaux raisonnements sur la nécessité où il était d'aimer Julie. Il s'était parlé comme un père, et s'était dit tous les avantages d'une union avec cette honorable famille; il avait fait le calcul de la fortune et avait fait celui de la vanité; il s'était dit qu'à quelque position que l'avenir le fît arriver, Julie était une femme qui ne serait jamais au-dessous de la place qu'il lui faudrait occuper.

En cela, Amab se montrait prodigieusement sage et calculateur.

En effet, une des plus mauvaises chances de l'avenir des ambitieux, est de traîner après soi la femme qui convenait à la misère de la première condition, et qu'il faut garder à ses côtés, gauche, maladroite, vulgaire, quand soi-même on a acquis du monde, du savoir-vivre et du pouvoir. C'est l'enseigne du vitrier qu'une main ennemie cloue au fronton de l'hôtel d'un ministre.

Oui, Amab était profondément sage dans toutes les admonestations qu'il s'adressait; mais les meilleurs raisonnements n'ont jamais eu la moindre influence sur le cœur.

L'amour qui meurt d'un mot résiste au plus éloquent sermon ; et c'est pour cela que la femme la plus noble, la plus pure, la beauté la plus chaste et la plus parfaite, l'esprit le plus fin et le plus naïf, sont impuissants à faire naître une flamme qui s'allume quelquefois au feu d'un regard obscène.

Julie aurait-elle ce regard, et la bonne envie qu'Amab avait de l'aimer devait-elle fleurir ou rester stérile dans son cœur ? C'était une question douteuse et difficile à résoudre.

Mais ce qui était facile à deviner, c'est qu'Amab tenterait d'éprouver l'amour qu'il se conseillait, c'est qu'avec l'espoir d'être sincère, il jouerait peut-être vis-à-vis de Julie la comédie d'un homme amoureux. En effet, n'allait-il pas chez elle pour cela, et ne devait-il pas mettre tous ses soins à se le persuader?

Du reste, ce qui se passa ce jour-là même chez madame Thoré expliquera, mieux que toutes nos réflexions, le rôle que voulait jouer Victor, ou, pour mieux parler, les efforts qu'il fit pour s'inspirer un sentiment qu'il trouvait convenable et digne de lui.

Que faisait-on cependant chez madame Thoré?

INFORMATIONS.

XIX.

La tristesse était toujours dans la maison; toutes les démarches faites par monsieur Thoré, par sa femme, par monsieur Villon, par tous ses gens, n'avaient abouti à rien.

La police informée avait déclaré son impuissance à retrouver un jeune homme dont personne n'avait entendu parler depuis deux jours, et sur la trace duquel on ne pouvait pas lui donner le plus léger renseiment. Charles était sorti de chez sa mère, la veille, à cinq heures du matin, et Charles n'avait pas reparu, c'est tout ce qu'on pouvait dire.

Aucun message ne lui était arrivé, si ce n'était la lettre d'Amab, lettre restée dans les mains de madame Thoré; aucun ami n'était venu le prendre, aucune habitude antérieure ne pouvait indiquer de quel côté il s'était dirigé.

Un seul homme, un seul avait dit qu'il croyait connaître une femme à laquelle il pourrait demander si elle savait des nouvelles de Charles. Cet homme, c'était Amab; cette femme, c'était madame Léona de Cambure.

Madame Thoré avait dès l'abord voulu dénoncer ce nom à la police, mais elle hésita, d'une part, à disposer d'un secret qui appartenait à Amab, et de l'autre, elle se demanda si elle avait le droit de faire intervenir la police sur une aussi vague indication que celle que Victor lui avait donnée. Mais ce n'était pas là surtout ce qui retenait madame

Thoré, c'étaient les informations qu'elle avait prises sur Léona.

Il faut que nous disions d'abord à ceux qui nous lisent, par quelle filière elle était arrivée à connaître, en quelques heures, une femme qui était un mystère pour des gens qui la connaissaient depuis longues années, et dont nous faisons le portrait sans prétendre l'expliquer.

Si l'on se rappelle les commencements de ce récit, on a peut-être remarqué une circonstance fort minime, mais qui devint d'une grande importance pour aider madame Thoré dans ses recherches.

Elle savait déjà que la femme

qu'on lui désignait, comme pouvant lui donner des nouvelles de Charles, s'appelait madame Léona de Cambure. Elle savait aussi que cette femme était probablement la même que celle qui, sous prétexte d'acheter des porcelaines, était venue dans ses magasins, le jour même de la disparition de Charles; et madame Thoré devait d'autant mieux croire que cette femme avait intérêt à cette disparition, que monsieur Villon lui avait appris avec quelle curiosité elle s'était enquis de la famille du riche négociant.

Pour dernière raison enfin, de la supposer intéressée à cet enlèvement, madame Thoré se rappelait le refus qu'avait fait cette étrangère curieuse de donner son nom et son adresse.

Mais tout cela ne suffisait pas à mettre madame Thoré sur la trace de cette femme, et cependant cette trace existait dans sa maison même.

En effet, la veille du premier jour de l'an, un service complet avait été expédié au compte de monsieur de Monrion, à une personne dont monsieur Thoré avait remis secrètement l'adresse à monsieur Villon; cette personne, c'était madame de Cambure.

A peine madame Thoré eût-elle prononcé ce nom devant le caissier, que celui-ci lui apprit cette circonstance.

Monsieur Thoré, encore mieux informé, révéla à sa femme les relations qu'on disait exister entre monsieur de Monrion et madame de Cambure. Monsieur de Monrion était un des clients de la maison ; il y avait donc un moyen de savoir par lui ce qu'était devenue cette dame.

Mais comment aborder un pareil sujet avec le jeune comte, qui pouvait se fâcher de voir accuser sa maîtresse d'avoir enlevé un beau jeune homme.

D'ailleurs, le comte de Monrion, célèbre par ses éclatantes folies, était-il un homme à écouter patiemment les doléances d'un père ou d'une mère de famille; ne vaudrait-il pas mieux s'adresser à l'un de ses parents?

Dans ce cas, la solution se présentait en même temps que la difficulté, car, depuis longtemps la maison de monsieur Thoré avait pour clients toute la famille de Monrion, et le marquis de Montaleu, oncle et tuteur du jeune comte, avait toujours montré la plus grande bienveillance à cette honnête famille de bourgeois.

C'était donc à lui qu'on avait décidé de s'adresser; et madame Thoré voulut aller elle-même chez le vieux marquis.

Nous ne rendrions pas compte de cette entrevue si elle ne devait pas révéler à nos lecteurs quelques circonstances qui les mettront à même d'apprécier ce qu'avait été et ce que pouvait être Léona.

Une femme et une mère obtiennent toujours plus de la confiance d'un homme que l'ami le plus persévérant, que le père le plus tendre.

Le marquis avait reçu madame Thoré avec cette noble bienveillance qui ne craint pas de descendre jusqu'au respect vis-à-vis d'une honnête femme, quoiqu'elle soit d'une condition inférieure. Il l'avait écoutée patiemment, mais tristement, et avait fini par lui dire :

— Je ne puis croire que madame de Cambure soit pour quelque chose dans la disparition de votre fils. En effet, quels rapports une pareille femme peut-elle avoir avec Charles, un enfant sans nom (je vous demande pardon de vous dire cela), et à qui vous ne donnez pas sans doute assez d'argent pour qu'il puisse satisfaire des caprices incroyables?

— Comment se fait-il donc que monsieur Amab ait paru soupçonner qu'elle pourrait nous donner des renseignements?

— Ce monsieur Amab est le maître de votre fils? N'est-il pas l'auteur d'un tableau qui fait grand bruit.

— Oui, Monsieur.

— Qu'il a refusé de vendre à mon neveu pour un prix fou?

— C'est lui-même.

— Ce tableau était destiné à madame de Cambure, et monsieur Amab l'a refusé, et votre fils est un élève de monsieur Amab... dit le vieux marquis en prenant des notes; j'avoue que, jusqu'à présent, il n'y a rien dans tout cela qui puisse justifier une accusation; toutefois, il y a dans cette circonstance, dans la visite mystérieuse que madame de Cambure a faite dans vos magasins quelque chose qui peut faire supposer que Charles a pu avoir des rapports avec cette femme.

— Charles est beau, jeune, aimable, dit madame Thoré qui semblait reconnaître à regret les qualités dont elle avait été si fière.

— Si vous connaissiez madame de Cambure, vous jugeriez que ce sont là des avantages qui ne suffisent pas à cet esprit désordonné; qu'elle se fût éprise d'un homme comme monsieur Amab qui occupe l'attention publique, c'est possible; mais d'un beau jeune homme obscur... non...

— Cependant, reprit madame Thoré, on prétend que ces femmes ont des préférences inexplicables.

—Vous vous trompez sur ce qu'est madame de Cambure : ce n'est pas une de ces courtisanes vulgaires, qui font prudemment la part de leur fortune et la part de leur amour...

Et cependant, cette femme est si extravagante... ou si habile... Si Charles peut la servir dans quelqu'un de ses projets... elle l'aura conduit où elle aura voulu.

Espérez, souhaitez qu'il y ait un tout autre motif à l'absence de Charles que la volonté de Léona, ce serait peut-être affreux.

— Vous me faites trembler... mais quelle est donc cette femme?

— Elle est veuve d'un homme qui lui a laissé un nom qui la protège et la classe plus haut que ses pareilles. Elle est riche... mais sa position n'est pas ce qui importe, c'est elle-même.

Eh bien, c'est un emportement aveugle, des colères frénétiques qui semblent vous la livrer tout entière, et à côté de cela, c'est une astuce calme et souterraine qui ne laisse rien deviner de ses projets. Dans un moment d'orgueil et de ressentiment, elle brisera, elle foulera aux pieds tous les liens qu'elle a imposés, et puis elle mettra une patience infatigable à renouer tous ces fils rompus ; vous la verrez à la même heure, fière, hautaine, implacable : puis, humble, repentante, dévouée ; elle a des élans magnifiques pour pousser un homme à la gloire, au travail, à l'honneur, et jamais bouche n'osa renverser en termes plus hardis tous les nobles sentiments de l'honneur et du devoir ; les larmes, la raillerie, l'éloquence la plus vive, la logique la plus froide, elle emploie tout avec une rare supériorité ; c'est le cœur le plus dissolu, l'esprit le plus pervers, le langage le plus éhonté que j'aie jamais entendu, et c'est l'âme la plus haute, l'intelligence la plus droite, la parole la plus noble qu'on ait jamais écoutée ; elle a des dédains qui écrasent et des flatteries qui enivrent...

Oh ! je la connais, Madame, j'ai lutté avec elle, j'ai voulu lui arracher mon pauvre Gustave... j'ai voulu faire de la morale, elle en a fait et a rompu avec Gustave.

Huit jours après, il voulait se brûler la cervelle, et j'ai été la prier de le consoler un peu. Je lui ai reproché la ruine de mon pauvre neveu; elle lui a restitué toutes ses folles dépenses, et un mois après je préférais le voir satisfaire les caprices de Léona que de savoir qu'il marchait à sa ruine par des voies plus honteuses.

Alors je l'ai menacée..... et c'est alors qu'elle m'a juré la perte et la ruine complète du comte de Monrion, et elle a tenu parole.

— Mais n'avez-vous pas averti votre infortuné neveu?

— Elle l'a averti elle-même.

— Et il n'a pas brisé cet indigne lien?

Le marquis leva les yeux au ciel, et dit avec une tristesse désespérée :

— Ne l'accusez pas trop... Ah! quelle femme... C'est le mal incarné...

Le lendemain, il avait réformé sa maison ; pendant six mois il se prépara, par les études les plus graves et les plus assidues à paraître un jour avec éclat à la Chambre, où l'attend, depuis son enfance, le siége de son père.

Je le croyais sauvé, Léona avait disparu ! Fol espoir ! elle ne l'avait pas quitté : cachée sous les habits d'un jeune homme, elle lui servait de secrétaire, l'aidait, l'encourageait, le soutenait... Tout ce temps avait été employé à reprendre sur lui l'empire qu'un mot lui avait fait perdre. Elle s'empara de cet esprit facile... et alors... alors...

Le marquis se détourna et ajouta :

— Priez Dieu, ma chère dame, que votre fils n'ait rien de commun avec cette femme.

— Oh ! s'il en était ainsi, Monsieur, je lui arracherais mon fils, moi...

— Peut-être avez-vous raison, dit le marquis : une mère qui irait franchement chez Léona et qui lui dirait :

« — Je ne veux pas lutter avec vous, je viens implorer votre pitié, je

m'en remets à votre générosité.....
Rendez-moi mon fils! »

Peut-être cette mère toucherait-elle cette femme si étrange, et peut-être Léona serait-elle capable de lui demander pardon du chagrin qu'elle lui a causé.

Voilà ce que madame Thoré avait appris chez monsieur de Montaleu, qui, du reste, lui avait promis de faire prendre des informations.

Lorsqu'elle eut rendu compte à monsieur Thoré du résultat de cette entrevue, celui-ci, avec cette immortelle assurance des sots, traita de poésie stupide le prétendu pouvoir de cette Armide moderne.

— Tout cela, disait-il, est bon dans les poèmes et dans les romans ; mais dans notre siècle de lumières et de liberté constitutionnelle, on a raison de pareilles drôlesses, comme des loups-garous qui font peur aux petits enfants ; on dissipe les fantômes à coups de canne. Je me charge de la voir, cette dame et je la traiterai..... d'une façon...

Madame Thoré n'avait pas une idée précise de ce que pouvait être Léona ; mais, en sa qualité de femme, elle savait trop bien par quelles innocentes ruses elle avait toujours fait plier la volonté de son mari, pour ne pas craindre l'abus qu'un esprit méchant pouvait faire de la supériorité des femmes en ce genre. Elle craignait surtout d'irriter la vanité de Léona, vanité dont monsieur de Montaleu lui avait montré les funestes effets.

Elle obtint donc de son mari qu'il ne chercherait point à voir madame de Cambure, avant que monsieur Amab n'eût tenu la promesse qu'il avait faite la veille.

Tout ceci avait été discuté hors de la présence de Julie.

Mais quand la curiosité d'une jeune fille est éveillée par un sentiment puissant, elle perce les murs, elle franchit les espaces; elle arrive par des voies incompréhensibles. Qu'on ne s'imagine pas que Julie écoutât aux portes, elle n'y eût pas même pensé; mais un reste de conversation prolongée après sa venue, une exclamation échappée pendant le repas, ou le travail; quelques conseils de ceux qu'on croit bien discrets parce qu'on invente des noms en l'air pour cacher à qui ils ont rapport, conseils que monsieur Thoré donna à monsieur Villon; mille réflexions étrangères au fond de l'inquiétude qui remplit la maison, mais qu'on ne faisait jamais autrefois; une question en apparence sans but, mais à laquelle la réponse donne un sens déterminé, tous ces atomes dispersés dans l'air d'une journée d'attente, et rassemblés précieusement par un esprit attentif, finissent par prendre un corps, une forme, un sens.

Cela est si vrai que Julie, à qui on n'avait rien dit, savait parfaitement que Madame de Cambure était une femme dangereuse et d'une séduction irrésistible. Elle l'avait vue et savait combien elle était belle. Et Amab la connaissait.

Voilà quel fut le dernier mot de cette patiente recherche.

Ainsi donc, Julie aussi craignait cette fée aux enivrants poisons : mais ce n'était pas pour Charles, c'était pour Victor.

La femme qui aime a des instincts merveilleux; le mal qu'elle ignore la fait souffrir. Les sottes appellent maux de nerfs les tristesses qui les prennent à certains moments; celles qui savent la vie se disent qu'on les trompe, et elles devinent juste neuf fois sur dix. Cela se sent à cent lieues de distance. Pourquoi cela?

Quand quelque savant aura expliqué comment un pigeon expédié à trois cents lieues de son colombier, dans les ténèbres d'un panier couvert, devine son nid et y retourne dès qu'il est en liberté, nous essaierons d'expliquer ces inexplicables sympathies qui lient un cœur à un autre par un fil électrique qui lui apporte des nouvelles confuses, mais certaines, de ce qu'il éprouve.

Il faut bien que cela soit vrai : car, durant toute la matinée de ce jour-là, Julie avait attendu patiemment le retour d'Amab, et ce n'était qu'à l'heure à peu près où Victor rencontrait Léona dans le bois de Boulogne qu'elle avait éprouvé une inquiétude, une impatience et une douleur qui allaient aux larmes.

Un homme comme monsieur Villon aurait expliqué cela le plus naturellement du monde, et il aurait dit :

« A deux heures, on a envoyé chez
« monsieur Amab, et l'on a répondu
« qu'il venait de monter à cheval ;
« alors, l'inquiétude a commencé ;
« en effet, ce Monsieur qu'on adore
« en secret, dont on voudrait faire
« un héros de dévouement aux yeux
« de la famille, ce Monsieur qui
« devait découvrir Charles, et sur
« la parole duquel on comptait si
« bien qu'on avait l'air de dire que
« toute autre démarche était inutile;
« ce grand cœur, ce génie, cet ami
« dévoué, est allé se promener
« tranquillement au bois de Bou-
« logne.

« Aussi, voyez comme mademoi-
« selle Julie se dépite, comme elle
« tressaille à chaque bruit, dans
« l'espoir que c'est lui qui arrive,
« et comme l'heure se passe; et
« comme voilà déjà quatre heures,
« quatre heures et demie, cinq heu-
« res, elle ne tient plus en place,
« elle va et vient sans prétexte, elle
« monte dans l'appartement, elle
« ouvre la fenêtre pour voir si elle
« ne l'apercevra pas au bout de la
« rue: tout cela, c'est de la colère
« excitée par l'insouciance de mon-
« sieur Amab; c'est du dépit et
« non pas une sympathie éthérée,

« un rapport magnétique, un alam-
« biquage stupide. »

Voilà ce qu'eût dit monsieur Villon, et peut-être cet homme habitué à faire avouer aux chiffres toutes les vérités qu'ils renferment, avait-il rencontré la vérité morale de toutes les nombreuses agitations de Julie, peut-être monsieur Villon avait-il raison ?

Mais qui voudrait d'une pareille raison, si ce n'est un jaloux comme lui ? Et d'ailleurs y a-t-il rien de plus odieux au monde qu'un homme qui calcule si froidement ?

Oui, certes, il y a quelque chose de mille fois plus odieux : c'est un homme qu'on n'aime pas et qui a raison.

Or, monsieur Villon avait raison pour monsieur et madame Thoré lorsqu'il disait qu'il ne fallait plus compter sur monsieur Amab, qu'il ne viendrait pas ; que c'était un homme fort indifférent aux chagrins de la famille Thoré; que dans tous les cas, il ne fallait pas beaucoup espérer d'une intervention qui peut-être protégerait encore plus la coupable que la victime, et mille autres paroles qui eussent fini par faire éclater le cœur de Julie, si tout-à-coup on n'eût entendu le pas d'un cheval s'arrêter à la porte de la rue, et si presque aussitôt Amab n'eût paru.

TENTATIVE D'AMOUR.

XX.

Julie lança un regard de triomphe du côté de monsieur Villon, mais le commis ne lui donna pas la joie de le recevoir; il avait baissé la tête sur son registre, et, chose inouïe, il se permit de laisser échapper un léger ricanement; décidément la tête du commis s'exaltait de la façon la plus inconsidérée.

— Eh bien! eh bien! s'écrièrent à la fois monsieur et madame Thoré.

— Rassurez-vous, Madame, votre fils vit.

Assurément c'était là une grosse nouvelle, et Victor avait compté sur l'énorme effet qu'elle devait produire. L'effet ne manqua pas; mais une fois cet effet épuisé, arrivèrent les questions, les doutes, les suppositions.

— « Où est-il?

— Que fait-il ? Pourquoi est-il parti ?

— L'avez-vous vu ?

— Ne peut-il vous écrire ?

— Qui vous a donné cette assurance ?

— N'est-ce pas un leurre ?

— Un faux espoir ?

— Etes-vous sûr de la personne qui vous a parlé ?

— La connaissez-vous bien ? Quelle est-elle ?

— Comment vous l'a-t-elle dit ? etc., etc. »

Questions auxquelles Amab ne savait que répondre par la plus excellente des raisons, c'est qu'il n'en savait rien.

Aussi fut-il obligé de se retrancher dans une foule de phrases ambiguës, solennelles et horriblement compromettantes, dans le genre de celles-ci :

« J'ai vu quelqu'un qui sait ce que
« Charles est devenu. Charles est en
« sûreté, je ne dois pas vous en dire
« davantage; je ne puis vous nommer
« la personne que j'ai vue; je dois la
« revoir demain; je ne puis vous
« conduire près d'elle, — ce serait
« manquer à l'honneur, — ce serait
« peut-être accroître les dangers de
« Charles.

« N'insistez pas, si vous voulez que
« je puisse vous être utile. »

Et mille autres balivernes où le poussaient les objections, les prières de madame Thoré, et qui donnaient à cette aventure une couleur vénitienne très remarquable.

On insista, on pria, mais il fallut s'en tenir à la déclaration suivante faite la main sur le cœur :

— Sur mon honneur, je ne puis m'expliquer plus clairement; fiez-vous à mon désir de vous servir, à mon amitié pour Charles; croyez que mon vœu le plus sincère est de ramener dans votre maison la joie et le repos, et laissez-moi la liberté d'agir.

C'était peu, mais encore fallait-il remercier de ce peu, et voilà M. Thoré qui prend la parole pour dire :

— Je voudrais, Monsieur, qu'un jour pût venir où je pourrais vous témoigner, mieux que je ne le puis maintenant, la reconnaissance que nous vous aurons.

Il n'y a que les sots pour faire de ces phrases-là ; mais jamais compère n'eût donné plus heureusement la réplique à Amab, qui, nous l'avons dit, était venu avec le projet très arrêté de s'engager vis-à-vis de Julie.

En effet, Victor s'inclina, prit un air modeste et ému.

— Ce n'est pas votre reconnaissance, Monsieur, c'est votre estime, votre amitié que je voudrais mériter.

— Pourrions-nous vous les refuser, après un pareil service? fit monsieur Thoré; nous sommes tout à vous, Monsieur, et si jamais il se trouvait... je ne sais quoi, où je puisse avoir la moindre influence, tenez-vous pour assuré qu'à votre première demande je serai prêt...

— N'allez pas plus loin, dit Victor d'une voix bien apprêtée, peut-être vous demanderais-je plus que vous ne voudriez m'accorder.

Madame Thoré trembla d'inquiétude, Julie trembla de joie, monsieur Villon trembla de fureur, monsieur Thoré, seul, resta calme ; il n'avait rien compris.

Mais quelle nécessité qu'un mari, un père ou un patron comprenne quelque chose. Quand un homme s'appelle le maître de la maison, il en a bien assez comme cela, et il n'a pas besoin de savoir ce qui s'y passe.

Comme nous l'avons dit, Victor s'était éperonné le cœur pour le lancer dans le chaste amour de Julie, amour que lui conseillaient sa raison, son intérêt et son calcul ; l'espèce de déclaration qu'il venait de faire était le résultat de l'excitation factice qu'il s'était donnée, mais elle ne put aller plus loin.

Tous les beaux rêves qu'il s'était faits s'évanouirent en présence de celle pour qui il les avait faits. La présence de cet ange de grâce et de beauté, qu'il avait voulu mettre sur l'autel pour l'adorer, glaça la ferveur qu'il se croyait; rien ne le touchait dans cette belle jeune fille : Dieu avait refusé au cœur froid et égoïste de l'artiste, l'intelligence des douces et chastes sensations : Léona devait l'emporter.

Cet effet fut si puissant sur Amab qu'il ne sut plus que dire, et qu'après quelques phrases embarrassées il se retira.

Oh! comme Julie l'aima pour la hardiesse qu'il avait eue de lui montrer ses projets, et pour la timidité qu'il avait éprouvée ensuite. Quel amour plus sincère, plus complet et plus humble pouvait-elle espérer?

Le mal, comme on le voit, allait en augmentant, et madame Thoré lui donna des aliments, car elle ne pouvait traduire autrement que ne le faisait Julie, les paroles d'Amab; seulement, pour la fille, c'était une espérance, et pour la mère une menace de mariage.

Madame Thoré avait beau se rappeler tout ce qu'elle avait vu ou entendu, elle ne sentait pas sa fille aimée.

Quant à Amab, il s'en alla mécontent de lui, en trouvant qu'il avait été froid, mal avisé; il se dit qu'il n'avait pas su tirer parti de la bonne position où il se trouvait pour se montrer tel qu'il voulait être, c'est-à-dire très amoureux. Car décidément Amab voulait être amoureux; il se promit de revenir et il revint en effet, car son heure avait sonné : il le sentait, et l'habile calculateur avait admirablement compris de quel côté était la chance honorable, heureuse, pleine d'avenir, et il l'avait choisie. Mais sa nature même, en lui dictant ce choix, s'y refusait.

C'est une chose que nous voudrions faire comprendre à nos lecteurs que cette lutte de la volonté raisonnée non plus contre les entraînements, mais contre l'insensibilité du cœur.

Il y a dans le monde, et chacun en connaît, des âmes qui, endurcies par la débauche, les violentes sensations, les excès aventureux, n'ont plus la faculté d'aimer ce qui est simple, chaste, naïf; celles-là on les conçoit. Mais un homme jeune, qui n'a pas encore usé de son cœur, peut-il avoir cette insensibilité? voilà ce dont on peut douter, voilà cependant ce qui est vrai, voilà ce que nous voudrions persuader aux gens qui lisent ce récit.

Oui, il y a des hommes à qui Dieu a donné une sévère raison, une puissante volonté, et qu'il a cependant déshérités de l'affection du bon.

De pareils hommes peuvent parvenir à épouser une femme noble, bonne, vertueuse; ils l'apprécient ce qu'elle vaut et dans tout ce qui dépend de la volonté, ils lui rendent l'hommage qu'elle mérite; mais leurs aspirations, leurs joies, leurs ardeurs, leurs adorations sont pour des idoles qu'ils n'oseraient avouer; ils honorent la vertu et ils la recherchent; mais la dissolution leur plaît et les entraîne. Il faut à ces âmes, que le calcul et l'égoïsme ont froidement et durement trempées, pour leur arracher un soupir, des excitants plus âcres, des dissolvants plus énergiques que l'amour modeste d'une jeune fille, ses joies timides et ses chastes ravissements.

Mais en vérité ne vaudrait-il pas mieux raconter que disserter, quoiqu'il y ait des gens qui croient que dans l'histoire du cœur, disserter c'est raconter.

LES MANÈGES DE LA LIONNE.

XXI.

Huit jours environ après sa première rencontre avec Léona, huit jours après s'être promis de devenir amoureux de Julie et avoir tout fait pour y réussir, Victor partit à dix heures du soir de chez monsieur Thoré, et gagna le bois de Boulogne de toute la vitesse de son cheval; il le laissa à son domestique aux environs du parc Saint-James, longea un mur défendu par un taillis épais, puis enfin s'arrêta en face d'une haute perche plantée dans l'intérieur de la propriété, laquelle portait un large écriteau sur lequel étaient écrits ces mots :

Piéges à loups.

C'est une manière si connue de dire aux voleurs : « C'est par ici qu'on peut entrer, » qu'il arrive quelque fois que les drôles s'en méfient. Cette fois, l'indication n'avait rien de mensonger; il n'y avait pas le moindre péril.

Amab se glissa prudemment entre les branches, et se trouva en face d'une brèche qui devait être bien vieille, car déjà le lierre et la mousse en avaient habillé de vert les anfractuosités.

C'était tout au plus s'il fallait lever le pied à la hauteur d'une marche pour entrer de plain-pied dans le parc.

A ce moment Victor chercha à se rappeler les instructions qui lui avaient été données :

« Quand vous serez là, lui avait-on
« dit, vous trouverez une allée, vous

« suivrez celle-là ou tout autre... dans
« un parc de dix arpents on arrive
« toujours à la maison qui est posée
« au centre.

« Cette maison a un perron; sur
« ce perron, une porte ouvrant dans
« un vestibule, il y a de la lumière
« toute la nuit : vous verrez l'esca-
« lier en face, montez au premier,
« avisez un large couloir tendu de
« soie vert-pomme à oiseaux fantas-
« tiques, poussez jusqu'à une porte
« de velours à larges clous dorés,
« tournez le bouton, ouvrez une se-
« conde porte, traversez une petite
« antichambre, il y a aussi de la lu-
« mière ; traversez encore un salon,

« puis une bibliothèque, vous serez
« chez moi. »

Victor n'était pas accoutumé à ces rendez-vous espagnols quoiqu'il les eût rêvés, comme tous ceux qui ont assez de supériorité dans l'esprit, ou qui sont assez neufs pour lire les romans comme une chose sérieuse.

Vingt fois il avait rêvé les aventures couleur de muraille, et dans ces circonstances il se donnait volontiers une allure prudente et fière à la fois, marchant en avant, la barbe sur l'épaule, comme dit Sully, et une main sur sa dague; mais quand il fut en face de la réalité, notre héros se trouva fort empêché.

Il arriva immédiatement à une belle allée qui le mena à une très belle pelouse, en face de laquelle il trouva tout de suite la maison qu'il cherchait. Il faisait un terrible clair de lune; de façon qu'on était en vue de toutes les fenêtres de l'habitation, soit qu'on voulût traverser la pelouse, soit qu'on voulût suivre l'allée circulaire qui l'enveloppait de ses deux longs bras fleuris, et qui n'avait ni la moindre ombre ni le plus petit mystère.

Au clair de la lune, notre héros Victor crut remarquer que cette allée perfidement découverte, était en outre d'un ratissage vierge, et qu'ell transmettrait sans mélange l'empreinte de son pied, à l'œil jaloux ou médisant qui viendrait la consulter. Ceci lui parut autrement dangereux que les piéges à loups promis au sommet de la perche.

Victor hésita; mais le courage, ou la vanité, ou l'amour l'emporta, sans toutefois lui ôter la prudence. Il franchit l'allée, tomba au beau milieu de la plate-bande, où il écrasa la première bouture d'un Général-de-Caux sorti de chez Tripet, puis il traversa la pelouse, et, en trois sauts, il fut sur le perron, ravi d'avoir si bien dissimulé ses traces.

Là, un nouveau tremblement le

saisit; la porte était ouverte, une lampe de nuit veillait dans un énorme rouleau de verre, à cage de cuivre, pendu au plafond par une grosse torsade de soie terminée par un gland de hallebarde de suisse.

Cette lumière triste et vacillante avait l'air de s'ennuyer là toute seule comme un laquais à moitié endormi qui attend son maître.

Victor pensa qu'un homme, peut-être deux, peut-être dix, pouvaient sortir des ombres chancelantes que cette lampe faisait jouer aux angles du vestibule; il tira le poignard malais qu'il avait caché dans sa poche; un poignard malais dans une poche de paletot vaut bien le fusil à rouet avec lequel un de nos amis allait à l'affût des lapins.

Victor, armé de son poignard et de la honte qu'il éprouvait de l'avoir tiré, monta l'escalier en trois enjambées, et comme l'épais tapis qui le recouvrait ne laissa entendre aucun bruit, il se retourna brusquement.

Enfin le couloir désigné, la porte de velours se montrèrent à lui, il avança, ouvrit et entra dans l'antichambre.

Toujours le même silence et la même sécurité, il y avait de quoi s'épouvanter...

Il traversa le salon, arriva à la bibliothèque, la franchit, et souleva, d'une main armée et tremblante, une lourde portière derrière laquelle il vit enfin la chambre de Léona, et Léona elle-même à demi-couchée dans un vaste fauteuil.

— Ah! c'est vous, lui dit-elle en posant près d'elle le livre qu'elle tenait, quelle heure est-il donc?

— Minuit, répondit Victor d'une voix mystérieuse.

— C'est pourtant vrai, répondit-elle en jetant un coup-d'œil sur une pendule de quelques pouces posée près d'elle. J'avais oublié le temps en lisant ces odes de Victor Hugo.

Notre Victor fut humilié.

— Mais entrez donc, reprit Léona.

Ah! mon Dieu, que faites-vous donc de ça? ajouta-t-elle en lui montrant son poignard qu'il tenait toujours à la main.

— C'est une précaution... reprit-il d'un air embarrassé.

— Contre qui donc...

— Le bois de Boulogne est, dit-on, le repaire de gens mal intentionnés...

— Ce sont les amoureux qui font courir ces bruits-là pour pouvoir s'y promener à l'aise... D'ailleurs, il y a longtemps que vous n'êtes plus dans le bois.

— C'est vrai... mais...

— Aviez vous peur une fois chez moi...

— Pardon, dit Victor, à qui cet accueil commençait à paraître singulier, mais chez vous on y entre... comme...

— Comme sur la place publique, voulez-vous dire? N'est-ce pas très commode?

— Sans doute, dit Amab; mais on aurait pu faire relever cette brèche et pratiquer une porte secrète.

Léona se mit à rire.

— Apprenez, mon cher Victor, qu'il n'y a rien de plus délateur que ce qui est mystérieux; si on fait ouvrir une porte, c'est qu'on a le projet d'y faire passer quelqu'un... Si on ne relève pas une brèche, c'est qu'on espère que personne n'y passera.

— Alors, dit Victor d'un ton piqué, c'est avoir une pauvre opinion de ceux qui peuvent venir vous voir que de leur faire une entrée si facile. A votre place, j'eusse voulu les obliger à franchir un mur élevé, hérissé de pointes.

— Jamais je ne donnerai à un homme que je veux bien recevoir, le ridicule d'entrer chez moi avec un habit en lambeaux et un pantalon déchiré ; mais qu'avez-vous donc, mon ami; asseyez-vous... êtes-vous malade?

Victor venait à un rendez-vous d'amour, du moins il le croyait ainsi, il avait arrangé à sa guise le trouble du premier moment :

« Est-ce vous?

— C'est moi.

— Oh! silence.....

— J'ai peur.

— Ne tremble plus, je suis près de toi, etc.

Mais point, il était entré en secret aussi facilement que par la grande porte; il était reçu à minuit comme on l'eût reçu à midi, il crut comprendre qu'on se jouait de lui, le dépit lui rendit sa présence d'esprit, son énergie, et il répliqua d'un air tout-à-fait dégagé :

— Vous avez devinez juste, je suis malade, et sans la promesse formelle que je vous avais faite, je ne serais pas sorti de chez moi.

Un incompréhensible sourire d'ironie agita les lèvres de Léona, mais presqu'aussitôt elle reprit d'un air sérieusement chagrin :

— En ce cas vous avez eu tort de venir ; à mon sens on peut jouer avec la vie, jamais avec la santé ; risquer de se faire tuer pour une femme, c'est une chance de lui plaire ; mais gagner des rhumatismes, c'est odieux pour soi... et pour elle aussi.

— C'est me dire que j'ai mal fait de courir un pareil risque?

— Sans doute...

— Et que j'aurais tort de m'y exposer plus longtemps...

— Est-ce qu'il ne fait pas bon chez moi?

Victor s'arrêta au moment où il allait partir; mais il prit une vigoureuse résolution, et se décida à s'avouer vaincu.

Cet homme avait des moments d'un grand courage.

— Léona, lui dit-il, pourquoi vous moquez-vous de moi?

Elle lui tendit la main.

— Je ne me moque pas de vous, Victor ! je suis triste.

— Vos réponses ne le montrent guère.

— Et pourquoi ?

— Ces plaisanteries sur les portes secrètes, sur les brèches ouvertes.

— Mais je vous ai dit ce que je pense, fit naïvement Léona, seulement vous vous êtes obstiné à ne pas vouloir me comprendre. Je pratique sérieusement ce que vous appelez des paradoxes spirituels.

La manière dont vous êtes entré ici vous gêne, je le vois, vous n'y comprenez rien. C'était pourtant la plus commode et la plus sûre, permettez-moi de vous donner en passant une leçon qui peut vous être utile dans d'autres aventures.

Et d'abord, prenez note de cet axiome :

« Le meilleur moyen de se trahir c'est de se cacher. »

Entre l'homme qui en aborde un autre en plein jour, au milieu d'une foule et qui lui plante un poignard dans la poitrine, et celui qui attend son ennemi la nuit dans un endroit écarté, la chance de réussir et de se sauver, est toujours pour le premier s'il a du courage et du sang-froid.

Les précautions sont à la fois un signe de faiblesse et une preuve de culpabilité. Je veux vous en donner un admirable exemple.

Je vous ai vu, car je ne veux pas jouer plus lontemps la coquette avec vous; je vous guettais à travers ma persienne, et je vous ai vu sauter au beau milieu d'une plate-bande pour ne pas laisser l'empreinte de vos pas dans une allée. Eh bien! demain, au point du jour, mon jardinier eût ratissé son allée sans s'occuper si les pas étaient entrés à huit heures du soir et ressortis à dix, ou s'ils étaient arrivés à minuit et repartis avec le jour.

Au lieu de cela, vous avez écrasé, j'en suis sûr, quelque fleur qui lui fera pousser des exclamations toute la journée de demain sur le grossier maladroit qui saute dans ses plates-bandes.

Et puis, mon ami, vous ne savez pas vivre. Comment, vous êtes garçon, vous ne devez encore compte de votre vie à personne, et à supposer que vous eussiez seulement une liaison, vous seriez l'homme le plus esclave de la terre.

— Et comment cela ?

— Vous avez des habitudes incroyables... Tout le monde vous sait par cœur... A telle heure vous êtes dans votre atelier, à une autre vous déjeunez ; puis c'est l'heure de la promenade ou celle des visites, et celle du dîner, et celle du spectacle, et celle du monde, et celle de votre retour.

Je suis convaincue que votre domestique vous a regardé avec des yeux renversés quand vous lui avez dit d'amener à onze heures votre cheval à la porte de madame Thoré.

— D'où savez-vous ?

— Je ne sais pas, j'en suis sûre.

Eh bien ! il en sera ainsi de tout ce que vous voudrez faire ; chacun se dira : il ne fait pas aujourd'hui comme hier, donc il y a quelque chose de nouveau. Quelque chose de nouveau, c'est si rare qu'il faut pardonner au monde l'espionnage qu'il se croit en droit d'exercer à la nouvelle d'un si grand événement.

Étonnez-vous après cela que votre secret, si vous en aviez un, fût soupçonné en deux heures et découvert en vingt-quatre.

Quant à moi, j'ai prévu ce danger dès le pensionnat, et j'ai pris mes précautions dès que j'ai été maîtresse de faire ma vie. C'est le désordre le mieux arrangé. Quand on a de grandes ambitions, il ne faut pas avoir de petites chaînes. Quand on a de hauts désirs, il ne faut pas avoir de sottes nécessités.

Je déjeune depuis huit heures du matin jusqu'à deux, chez moi quand j'y suis, ailleurs si je n'y suis pas, cela me prend cinq minutes.

Je dîne depuis trois heures jusqu'à neuf, quand je dîne, et la fantaisie de souper peut me prendre depuis dix heures du soir jusqu'à cinq heures du matin.

Je sors à pied, ou en fiacre, ou à cheval, ou en voiture, à l'heure où tout le monde sort et à l'heure où tout le monde rentre..

Il y a des jours où je me couche à neuf heures, et où je me lève à midi, d'autres où je me couche à midi, et où je me lève à minuit. Je viens au bois en sortant de l'Opéra, et j'ai dix fois quitté le bal pour monter en chaise de poste.

Je sors pour aller faire une visite, et, deux jours après, j'écris à mes gens de venir me rejoindre à Boulogne.

Gustave a voulu être jaloux, et ne se fiant pas à la fidélité d'un espion gagé, il a voulu me suivre. Je l'ai fait se morfondre dans son fiacre drapé de rouge, à la porte de tous mes fournisseurs, à la porte des endroits les plus incroyables.

Une fois où j'avais cherché querelle à monsieur de Monrion sur l'heure qu'il était, je suis mystérieusement partie dans une voiture de place pour aller régler ma montre sur l'horloge de l'Hôtel-de-Ville, et je suis rentrée chez moi. Gustave m'avait suivie ; il s'est informé du motif de cette promenade.

Je savais qu'il avait acheté ma femme de chambre, elle lui raconta la vérité, alors il a haussé les épaules et a dit : « décidément c'est une « folle, » c'est tout ce que je voulais.

La lutte a été longue entre nous, mais je l'ai toujours gagné de vitesse.

Victor fut abasourdi.

Il était de ces hommes qui rêvent

et comprennent toutes excentricités dans la spéculation, et qui les redoutent dans la pratique. Tout stupéfait de ce qu'il venait d'entendre, il crut avoir trouvé quelque chose de péremptoire, et il répliqua la niaiserie que voici :

— Mais s'il prenait fantaisie à monsieur de Monrion de venir maintenant?

— Eh bien! il trouverait les portes ouvertes...

— Mais s'il me trouvait ici?

Soit que l'objection parût embarrassante à Léona, soit qu'elle dédaignât d'y répondre, elle se mit à rire et répliqua :

— Savez-vous que vous devenez fat?

Ce mot rendit à Victor une partie de son humeur, et, ne voulant pas cependant rester en dessous d'une femme qui se dévoilait si franchement, il lui dit :

— Si j'ai fait cette faute, c'est vous qui m'y avez poussé.

— Ah! oui, dit tristement Léona, c'est vrai.

— Oubliez-vous qu'hier, dans cette voiture qui nous emportait tous les deux vers Paris, lorsque je vous disais mon amour et que vous m'aviez avoué le vôtre, lorsque je vous implorais et que vous aviez épuisé vos refus, oubliez-vous que c'est vous qui m'avez promis cette heure... et qui m'avez dit :

« Demain... chez moi... à minuit je n'aurai plus peur. »

— C'est vrai, dit Léona en poussant un profond soupir... c'est vrai... mais je vous le dis franchement, dût la brutalité de ma franchise vous donner de moi une opinion encore plus mauvaise que celle que vous avez, oui, je vous le dis franchement, vous avez été un maladroit.

— Vraiment, fit Amab d'un ton qu'il voulait en vain rendre léger et moqueur.

— Ne riez pas, mon ami, je vous parle dans toute la sincérité de mon âme, reprit Léona d'un air naïf; apprenez donc de moi, ajouta-t-elle d'un air caressant et confidentiel, que l'amour est comme certaines maladies, elles ont toutes un jour fatal, culminant, qui emporte le malade ou qui commence la guérison.

— Et vous êtes en voie de convalescence depuis hier, dit Victor avec un sourire furieux.

— Je l'espère, dit Léona en levant les yeux au ciel.

— Et vous ne craignez pas les rechutes, je suppose ?

Léona prit un air triste et fâché, et repartit :

— Ah! mon Dieu! Victor, vous faites de l'esprit quand je vous parle raison, quand j'ai le cœur brisé, quand les larmes me suffoquent : oh! les hommes ne comprennent rien.

— J'avoue, dit Amab, que je ne comprends plus ce que vous me disiez hier, en vous écoutant aujourd'hui.

Léona se leva, fit quelques pas avec impatience, comme pour sortir, puis revint soudainement en disant :

— Tenez, il faut en finir, écoutez-moi, mais écoutez-moi bien, et surtout ne cherchez pas à me deviner...

— Comment! vous voulez que...

— Je veux, dit Léona avec humeur, que vous ne cherchiez pas dans mes paroles des sentiments cachés, des feintes, des ruses, que sais-je? tout ce que les hommes qui se croient pénétrants s'imaginent découvrir dans ce que leur dit une femme. Je ne suis pas de l'école des demi-mots et des réticences.

Je suis libre, maîtresse de moi; je sais où je veux aller et où je ne veux pas aller, je n'ai donc pas besoin de mentir, ni aux autres ni à moi-même. Je suis assez belle et assez spirituelle pour me passer de coquetterie.

D'ailleurs, vous m'aimez, Victor, et il n'y a pas de manége qui vaille un pareil complice quand on veut tromper un homme. Ainsi donc, je puis être franche, je n'ai besoin que d'une chose, c'est que vous m'écoutiez...

— Je vous écoute, dit Victor, qui dans les autres entretiens qu'il avait eus avec Léona, s'imaginait avoir percé dans les ténèbres de cette existence et de cette âme, je vous écoute, reprit-il.

— Je vous ai aimé, reprit tout-à-coup Léona, je vous ai aimé par un des caprices insensés, et cependant vulgaires, qui égarent la vie des femmes inoccupées.

L'aspect de votre tableau de la Vierge m'a fait croire à quelque chose de charmant, de naïf, d'idéal, dans l'âme de celui qui avait si bien peint tout cela sur ce divin visage. Avec la même ardeur que je retournerais à l'air vif et embaumé des montagnes où je suis née, si je le pouvais, j'ai voulu plonger mon âme dans les frais et jeunes sentiments que je vous supposais.

Je vous le jure, Victor, si vous fussiez venu, jamais vous n'auriez connu de moi que mon fol enthousiasme; peut-être ne vous aurais-je jamais revu.

Si vous aviez été ce que je pensais, je n'aurais pas voulu avoir le remords de vous avoir perdu; j'aurais voulu passer dans votre existence comme une fée inconnue qui vous eût donné votre première couronne.

J'étais dans la folie de mon rêve quand je vous ai écrit : vous étiez de sang-froid quand vous avez reçu ma lettre; vous l'avez traduite comme un vieillard qui craint le ridicule.

Hélas! à vingt-cinq ans, vous croyez à l'expérience des autres; vous avez tué par avance les trois quarts de votre vie. Vous arriverez à un âge avancé sans avoir vécu, et vous commencerez à essayer de vivre à un âge où il n'est plus permis d'être imprudent.

Le jour où vous avez permis qu'on m'exposât au plus insolent outrage, je ne vous ai pas jugé, je vous ai méprisé, et, pour la première fois de ma vie, j'ai voulu me venger de quelqu'un que je méprisais; c'est que je vous aimais encore.

Vous savez comment a tourné ma vengeance ; l'inconcevable folie de mon cœur vous a protégé; n'ayant pas pu vous attirer à un duel dont l'issue était toujours un malheur pour vous, j'ai prétendu vous rendre assez amoureux de moi pour pouvoir vous faire souffrir des tourments qui vous puniraient cruellement du mal que vous m'aviez fait; j'y ai réussi...

Croyez-moi, Victor, ne prenez pas un air piqué et menaçant; vous m'aimez, vous m'aimez assez pour que je puisse abuser de votre amour, pour que je puisse me venger; mais il m'arrive une chose que je dois vous dire, c'est que je vous aime encore.

— Ne me le disiez-vous pas hier?

— Hier, je croyais vous mentir, hier je croyais vous égarer... Et cependant... hier... oui... hier, il y a eu un moment où j'aurais été heureuse peut-être d'avoir été prise dans le piége que je vous tendais.

Ce moment, vous l'avez laissé passer... ce moment, j'ai cru qu'il pouvait renaître dans mon cœur..... et c'est de bonne foi que je vous ai donné ce rendez-vous.

— Mais... aujourd'hui, dit Victor amèrement.

— Aujourd'hui, c'est le lendemain d'hier... reprit Léona, aujourd'hui vous retrouvez une femme qui est restée seule, vingt-quatre heures, en face d'elle-même, une femme qui ne se ment pas, qui ne se flatte pas, qui ne se ménage pas; une femme qui a pu mesurer l'abîme où vous n'avez pas eu l'audace de la précipiter; alors j'ai réfléchi, j'ai tout calculé, j'ai tout prévu, tout supposé...

Eh bien! d'après ce que je sais de moi et ce que je sais de vous, Victor, je vous aime trop pour vous revoir jamais.

— Se peut-il! et après un pareil aveu, pouvez-vous me condamner ainsi?

— Ce n'est pas vous que je juge, c'est moi que je condamne.

— Léona, ne parlez pas ainsi, vous m'aimez, dites-vous?

— Victor, reprit Léona, ne jouons pas un jeu d'enfants. La femme qui vous a dit ce que je viens de vous dire, mérite qu'on n'abuse pas de l'empire que sa folie vous donne sur elle...

Écoutez-moi bien... comprenez-moi bien... si je me laissais vous aimer, je n'accepterais pas le tiède amour que vous pouvez me rendre.

— Mais cet amour me brûle, cet amour occupe toute ma pensée.

— En vérité, vous n'êtes pas bon...

Oui, vous m'aimez ardemment, je le sais, peut-être assez pour vous perdre pour moi, si j'acceptais l'amour que vous m'offrez ; mais moi, Victor, je ne veux pas que vous vous perdiez ; ce que j'aime en vous, c'est votre gloire, votre honneur, votre jeunesse pure et irréprochable, votre lutte contre l'adversité, votre triomphe sur la misère et le malheur; j'aime en vous, Victor, tout ce que vous ne pouvez pas aimer en moi.

Vous savez ma vie passée, vous savez mes fautes... et vous voulez que je vous donne pour maîtresse la plus fastueuse courtisanne de Paris? mais moi, je ne veux pas.

Si Dieu pouvait tuer le passé, et que pour cela il me demandât des millions d'années de tourments, crois-moi, Victor, je rachèterais à ce prix tout le passé pour te donner une heure de ma vie.

Mais me livrer à vous, Monsieur, pour que je sente sous la passion la plus ardente, le froid jugement de l'esprit... non... non... je ne le veux pas ; je n'ai trouvé qu'un moyen de rester digne, non pas de votre amour, mais du mien : c'est de n'être jamais à vous. En ne vous appartenant pas, il me semblera que j'eusse été peut-être digne de vous appartenir, non, je ne serai pas à vous... Jamais.

— Léona, dit Victor, en se mettant à genoux devant elle, non, vous ne m'aimez pas... L'amour raisonne-t-il si bien, est-il fort contre lui-même ?

Léona repoussa doucement le front

de Victor qui se penchait vers elle.

— Bon Dieu! lui dit-elle en souriant, que vous êtes imprudent! Mais vous ne savez pas ce que vous me demandez; car si j'étais assez folle pour me laisser persuader, vous auriez trop à souffrir.

Je suis jalouse, fantasque, exigente; furieuse d'avoir manqué à la parole que je me suis donnée, je voudrais, pour excuse de ma faiblesse, vous posséder si exclusivement, que ce serait un affreux supplice. Je vous compterais vos heures, vos moments, j'épierais votre pensée, je déchirerais la toile où je verrais naître sous votre pinceau une beauté idéale, et que je croirais réelle.

Je prendrais les préoccupations de votre génie pour des souvenirs d'amour. Je vous fermerais le monde, je briserais vos amitiés, je tuerais celle que vous pourriez me préférer un jour...

Non... non, Victor, ne me demandez pas d'oublier mon serment. Heureusement que je vous aime trop pour vous imposer ce malheur.

Nous ne devons plus nous revoir.

Jamais l'orgueil d'un homme ne fut plus doucement flatté dans ses fibres les plus cachées.

Victor était ivre, et il reprit de sa voix la plus caressante :

— Ne plus nous revoir, est-ce possible ?

— Et pourquoi voulez-vous que nous nous revoyions? Pour vous mettre encore à mes pieds comme vous êtes là ; pour prendre mes mains et les couvrir de baisers comme vous faites, pour me regarder avec des yeux éperdus...

Cela peut vous sembler charmant... mais cela m'est insupportable, fit-elle en se levant vivement.

Elle mit la main sur son cœur, et murmura sourdement :

— Ah! c'est affreux!

Puis elle se mit à marcher rapidement en évitant le regard de Victor, en se détournant de lui; il l'atteignit et la regarda; elle pleurait.

— Vous pleurez! s'écria-t-il.

— Oui, Monsieur, oui je pleure d'être si faible, d'être si misérable, que votre présence me trouble; car, ajouta-t-elle avec un doux sourire, j'aurais été si heureuse d'être votre ami, votre frère, j'aurais aimé cela, et...

Elle prit un air enfantin plein de malice et de gaîté.

— Et si vous vouliez être raisonnable, ajouta-t-elle, ce serait si bien.

Vous me diriez vos travaux, vos projets, j'irais vous voir... vous me conteriez vos succès, vos amours...

— Mes amours! c'est vous...

— Vous voyez bien que ce n'est pas possible, dit Léona avec tristesse.

Eh bien! non, je ne veux plus vous voir, jamais, jamais.

— Eh bien! je vous jure d'être comme vous voudrez.

— Oh! dit-elle ironiquement, vous êtes bien maître de vous-même à ce qu'il paraît... C'est d'un amour bien respectueux.

— Léona! Léona! dit Amab avec transport, vous êtes cruelle.

— Eh bien! oui, c'est vrai... reprit Léona avec impatience. Mais je souffre bien, moi... Je me venge... et... Allons, taisez-vous.

Ah! mon Dieu? s'écria-t-elle tout-à-coup, voici le jour qui vient et nous avons oublié ce pauvre Charles.

— En effet, j'avais promis à sa famille qui m'interroge chaque jour de lui apporter de ses nouvelles.

— Vous aurez mieux que cela, dit Léona. Demain, après-demain au plus tard, vous recevrez une lettre de lui.

Et maintenant, partez, partez.

— Sans que vous m'ayez dit quand et où je pourrai vous revoir.

— Je pars ce matin pour Fontainebleau, si vous êtes libre après-demain à cette heure... nous souperons ici.

— Nous souperons... Ce sera donc encore la nuit? dit Amab.

— Oui, lui dit Léona en baissant les yeux, et si vous osez m'accorder la seule preuve d'amour que je veuille vous demander jamais, alors...

— Eh bien !... dit Victor...

— Je n'aurai plus peur, dit Léona... et maintenant laissez-moi... Je suis libre... je joue avec ma considération, mais jamais avec moi-même...

Si vous revenez... c'est que vous

m'aimez assez pour que je me fie à vous.

Amab sortit, Léona le regarda s'éloigner à travers sa jalousie et dit d'une voix triomphante :

— Il y viendra lui... Mais elle !

Un violent mouvement de rage accompagna cette dernière exclamation; elle sonna violemment, une femme parut. Léona lui fit quelques signes auxquels la chambrière répondit de même.

Mais presqu'aussitôt Léona reprit :

— Au fait nous sommes seules... Dépêche-toi... un frac... des bottes... un cheval.

— J'y vais, madame, dit la fausse sourde-muette.

Vingt minutes après, Léona, en habit de cavalier et suivi d'un groom, prenait la route de Paris à la suite d'Amab.

LES BÊTES FAUVES.

XXII.

Gustave de Monrion était couché sur un riche divan, quand Léona entra impétueusement chez lui.

Il avait les yeux fixés au plafond, et sa pipe éteinte avant d'être achevée avait échappé de ses mains, ce qui prouvait qu'il était plongé dans de très profondes réflexions.

— A quoi pensez-vous donc, lui dit Léona d'un ton mécontent, voilà huit jours que je n'ai eu de vos nouvelles : vous ne m'avez pas écrit, vous n'avez pas passé chez moi.

— Ah! vous voilà, lui dit Gustave, je vous attendais.

— Et pourquoi?

— Pour vous dire que ce que vous m'avez demandé est tout-à-fait impossible.

— Pauvre garçon, fit Léona en levant les épaules et en jetant sur un siége ses gants et sa cravache, faites-moi servir quelque chose, car je meurs de faim.

Gustave sonna, le valet de chambre que Monrion avait dénoncé à Victor comme vendu aux intérêts de Léona parut aussitôt.

— Prenez les ordres de Madame, lui dit Monrion en se recouchant mollement sur son canapé.

Léona donna ses ordres et dit à Monrion :

— A propos, comment se fait-il que je vous trouve levé de si bonne heure?

— J'allais me coucher quand vous êtes arrivée.

— Vous avez passé la nuit au club?

—J'ai passé la nuit chez moi; monsieur Jean, votre espion, peut vous l'attester.

— Et à quoi avez-vous donc passé la nuit?

— Je l'ai passée ici, sur ce canapé, à rêver...

— Vous vous trompez, reprit Léona en s'asseyant devant la table où on lui avait servi à déjeuner, vous avez passé la nuit à apprendre le mot *impossible* que vous prétendiez jadis avoir rayé de votre dictionnaire.

— A votre tour, vous vous trompez, dit négligemment Gustave en ramassant le long serpent de soie à tête d'ambre, qui servait de tuyau à sa pipe, je n'ai pas appris le mot, j'ai reconnu qu'il avait un sens.

— Et qui donc vous a expliqué ce sens?

— Moi seul.

— C'est-à-dire, reprit Léona, en fronçant le sourcil, que ce que je vous avais demandé est impossible, parce que vous avez reconnu votre insuffisance à le faire.

— Vous n'êtes pas heureuse ce matin, dit Gustave en lançant au plafond une bouffée de fumée; ce que vous m'avez demandé est impossible, parce que je ne veux pas le faire.

Une légère contraction altéra les

traits de Léona, qui reprit d'un ton le plus insolemment indifférent :

— La volonté est la grande prétention des impuissants.

— Cela se peut, dit Gustave ; et vous, qui prétendez avoir une volonté de fer, vous devez être un excellent juge de cette question.

— Je m'en vante, repartit Léona, car tout ce que j'ai voulu je l'ai eu.

— Eh bien ! reprit Gustave, en attisant nonchalamment sa pipe, je n'aurai pas ce que je ne veux pas avoir ; cela me semble de la même force.

— Vous avez bien vieilli en huit jours, lui dit Léona...

— Non, pardieu ! fit Gustave ; jamais je ne me suis senti si jeune.

— Dans quelle fontaine de Jouvence vous êtes-vous donc plongé?

— Dans un regard bleu, dans une parole séraphique, dans une auréole d'innocence.

— Ah! fit Léona en riant, nous en sommes là ; c'est fort bien ; je vois que je n'ai plus rien à faire ici, à moins que vous ne vouliez m'accepter pour confidente; c'est un emploi que j'ai envie d'essayer, en vous voyant prendre celui de Colin d'opéra-comique.

— Aux ambroisies divines et parfumées, dit Gustave, avec une fatuité joyeuse, il faut des vases d'un cristal pur et limpide ; au nouvel amour que j'éprouve, il faut pour confidentes des âmes blanches et chastes.

— Vous vous égarez dans vos bergeries, mon cher, répliqua Léona en riant ; vos ambroisies ne sont que du fromage à la crême, et les vases où on les prépare sont d'ignobles cruches de terre ; mais, vu l'état du papa, on vous les fabriquera probablement en porcelaine.

Gustave fit un geste d'impatience qu'il cacha le mieux qu'il put en attisant encore sa pipe qui brûlait à merveille.

Léona continua :

—Savez-vous, dit-elle, que ce monsieur Thoré vous fera un très beau beau-père?

— Un beau-père! dit Gustave, comment l'entendez-vous?

— Mais dans l'acception naturelle du mot; je vous ai prié d'essayer ce que pouvait un gentilhomme, élégant et spirituel, sur le cœur de mademoiselle Julie Thoré, et j'apprends ce que peut une petite bourgeoise bien apprise sur un pauvre garçon bien niais et bien crédule.

Il y a huit jours, quand, à défaut du portrait en vierge de cette belle, portrait que vous n'avez pu obtenir de monsieur Amab, je vous ai demandé d'enlever le modèle au peintre, puisque vous n'aviez pu lui enlever la copie, vous m'avez dit que c'était l'affaire de huit jours, et vous êtes parti en conquérant.

Je me suis fiée à vous. J'arrive. Je croyais trouver un triomphateur, je trouve un vaincu.

Mais de toutes vos bonnes qualités d'autrefois, je pense qu'il vous en reste au moins une, c'est de faire parfaitement les choses quand vous voulez les faire. Vous ne laissserez pas votre défaite incomplète, et je suppose que d'ici à quelques jours, si ce n'est déjà arrivé, monsieur de Montaleu se présentera chez monsieur Thoré, afin de lui demander humblement la main de sa fille pour le jeune comte Gustave de Monrion.

— Cela n'est point fait, dit Gustave, et cela ne se fera pas.

— C'est encore sans doute une impossibilité?

— Tout au contraire, j'aurais trop grande peur de réussir.. Je ne veux point de mal à cette charmante fille.

— Ou plutôt, lui dit Léona, vous ne voulez point accepter l'héritage de monsieur Amab : mais, en ce cas, que voulez-vous faire alors de votre passion?

— Un rêve, dit Gustave en se couchant sur le divan.

— Vous avez parfaitement raison, la grande sagesse humaine est de savoir ne désirer que ce que l'on peut obtenir, et comme les réalités de l'amour de mademoiselle Julie appartiennent à M. Arnab, vous vous êtes fait avec bonheur la seule part à laquelle vous puissiez prétendre.

— Léona, dit le jeune homme avec un léger dédain, vous avez beau railler, Julie est un ange d'innocence et de candeur.

— Voilà le mot par où vous auriez dû commencer, lui dit Léona ; il nous eût épargné à tous deux ce faux esprit que nous venons de faire, et m'eût épargné, à moi surtout, des mots que je regrette d'avoir dits.

— Ah! vraiment, dit Gustave, et quels sont ces mots?

— Vous me connaissez, fit Léona, d'un ton sérieux et affectueux, vous savez, qu'au milieu des écarts de ma vie, vous savez, qu'à travers tous les principes moraux à mon sens, immoraux selon des autres, que je me suis faits, il est une chose pour laquelle j'ai toujours gardé un profond et sincère respect, c'est la passion bien sentie, c'est l'amour.

— Oui, c'est vrai, dit Gustave, et je vous ai entendue à ce sujet excuser les plus étranges folies pour les femmes les plus indignes, quand un amour aveugle en était la cause.

— Oui, monsieur le comte, reprit sérieusement Léona, vous m'avez entendue parler ainsi et vous m'avez vue agir en conséquence : jamais sous un faux prétexte d'amitié, ou de bon service à rendre, je n'ai été révéler à un homme les fautes d'une femme qu'il adorait, ni à une femme les infidélités de celui en qui elle avait foi.

Si j'en agis ainsi, monsieur le comte, c'est qu'on ne tue pas l'amour pas de pareils moyens, on le rend seulement douloureux au cœu qui l'éprouve. Je comprends qu'on efface de la vie l'être méchant qui vous fait mal, je ne comprends pas la torture qui le fait souffrir et le laisse vivre.

Je vous demande donc pardon des suppositions probablement très fausses que j'ai faites au sujet des amours de mademoiselle Thoré et de monsieur Amab.

Vous aimez Julie, je la respecte dans votre amour, je la vois comme il vous plaît de la voir, j'aime mieux votre bonheur que ma vengeance.

— Vous aviez donc à vous venger d'elle ?

— N'aurai-je pas à m'en venger aujourd'hui ?

— Que vous avait-elle donc fait, il y a huit jours ?

— Ne me prend-elle pas votre cœur aujourd'hui ?

Gustave ne s'intéressait plus guère aux passions ni aux intérêts de Léona, car il ne poussa pas plus loin ses questions et répondit nonchalamment :

— Avouez qu'il y a de votre faute.

— Vous n'êtes ni généreux, ni adroit, Gustave, reprit Léona. Vous me faites un crime du bonheur que vous me devez et vous me forcez à vous dire que je ne vous croyais pas si niais.

— Niais, et sur quoi, s'il vous plaît ?

— Je vous ai dit que je ne voulais pas toucher à votre foi ; car le bonheur, c'est la foi.

— Vous persistez-donc à prétendre que monsieur Amab est le discret amant de cette jeune fille ?

— Je vous prie encore d'oublier que cette supposition m'est échappée.

— Mais sur quoi la basez-vous ?

Léona haussa les épaules et repartit :

— Vous êtes fou, Gustave, vous

êtes comme les enfants curieux, qui veulent savoir absolument le secret de la poupée qui les amuse; ils la retournent tant qu'ils finissent par la briser; vous briserez votre idole.

— Avez-vous peur de m'y aider?

— Oui, car vous ne me le pardonneriez pas.

— Qu'espérez-vous donc?

— Le temps est un grand maître.

— Si je vous demandais un conseil, Léona?

— Une femme n'en donne point dans la position où je suis, on la croit jalouse et on accuserait le soleil de ténèbres si cette jalouse le montrait du bout du doigt, en disant qu'il éclaire.

— Vous ne m'aimez donc plus du tout?

— Je ne vous aime plus assez pour mourir de votre infidélité, mais je ne suis pas encore assez votre amie pour vous défendre contre une sottise ou un malheur.

— Vous me trompez, Léona, vous haïssez cette Julie, vous voulez la perdre, vous me l'avez dit, et, comme vous saviez que je n'aurais jamais été de gaîté de cœur entreprendre la séduction d'une jeune fille innocente et pure, vous l'avez calomniée pour lever mes scrupules.

— J'avoue que je l'ai calomniée.

— Dans quel but ?

— Pour la perdre, vous l'avez dit.

— Et maintenant ?

— Maintenant que mon but est manqué, j'avoue que je l'ai calomniée.

Gustave examinait la figure de Léona, dont l'expression désespérée et ironique semblait cacher ou une violente colère, ou une profonde douleur.

— Léona, s'écria Gustave avec éclat, vous êtes une infernale créature !

Eh bien oui, j'aime cette jeune

fille, je l'aime comme un fou. Non, je vous le jure, je n'ai point fait de poésie, l'aspect de ce jeune et charmant visage, où nulle passion n'a laissé une triste empreinte, cette calme limpidité de la voix, écho du calme limpide de son âme ; cette virginité du regard où rayonne la virginité de la pensée, tout cela produit autour de cette noble et belle enfant, une atmosphère douce, fraîche, embaumée, qui a ranimé ma vie. C'est la délicieuse sensation du fiévreux à qui l'on permet de se plonger dans une onde fraîche et parfumée.

Vous riez, Léona. Eh bien! depuis que je connais Julie, je vis mieux....,.

J'ai la poitrine plus ouverte ; je suis moins sûr de mourir bientôt.

— Eh bien ! lui dit Léona, que voulez-vous de plus ?

— Ce serait quelque chose de moins que je voudrais, dit Gustave en essayant de rire ; ce serait de ne pas avoir entendu ce que vous m'avez dit.

Oh ! je ne veux pas jouer la comédie avec vous, Léona ; nous nous sommes jurés d'être francs l'un envers l'autre, le jour où nous romprions ; eh bien ! je serai franc, moi, car vous me l'avez dit, vous ne m'aimez plus...

Eh bien ! j'aime Julie, Léona ; mais

au milieu de l'enchantement où elle m'a jeté, je sens toujours malgré moi la goutte d'eau glacée qui résout en pluie cette douce vapeur où flotte mon âme. Un fantôme hideux me lance toujours quelque regard railleur à travers les lys et les roses de ces bocages si frais. Je doute.

Voulez-vous venir à mon aide? Voulez-vous me rassurer?

— Je ne le puis plus, Gustave, dit Léona, je le reconnais avec regret; mais cela est ainsi.

Je vous jurerais que Julie est innocente, et que j'ai inventé sa prétendue passion pour monsieur Amab;

je vous affirmerais qu'il n'est pas vrai que ce soit dans des rendez-vous secrets qu'il a peint ce ravissant tableau qu'on vous a refusé; je vous dirais que c'est la vengeance qui m'a fait parler, que vous ne me croiriez pas. Ce n'est pas le témoignage d'une femme qu'on abandonne qui peut justifier la rivale pour laquelle on la quitte.

Malgré vous, malgré la foi que vous avez peut-être encore en moi, vous supposeriez qu'une pensée cachée et pleine de duplicité me fait parler ainsi, et vous auriez peut-être raison.

— Quoi! vous osez avouer, dit

Gustave, qu'en rendant justice à Julie, ce serait peut-être une trahison?

— Entre nous, dit Léona en riant, à supposer que je n'aie pas calomnié Julie, quelle meilleure vengeance pourrais-je tirer de votre infidélité que de vous pousser à épouser la maîtresse délaissée de monsieur Victor Amab?

— J'avoue, dit Gustave d'un ton sombre, que l'idée de cette vengeance ne m'était pas venue.

— On ne peut pas tout prévoir, reprit Léona; mais ce que vous voyez certainement, c'est que dans une affaire comme celle-ci, je suis une partie trop intéressée pour ne pas être un conseiller suspect. C'est à vous à voir, à apprendre, à deviner.

Cette jeune fille n'a-t-elle pas un frère que vous pourriez faire adroitement parler?

— En effet, reprit Gustave, un frère qui a disparu depuis une ou deux semaines, et dont on m'a parlé; je me le rappelle maintenant, en termes qui doivent me faire croire que je connais l'auteur de la disparition de ce jeune homme.

— On en a donc des nouvelles? reprit Léona.

— A ce qu'il paraît.

— Par qui donc?

— Par monsieur Victor Amab, répondit brusquement le jeune comte, comme si ce nom lui était odieux à prononcer.

— Il sait donc où il est?

— Oui, sans doute, repartit Gustave avec plus d'impatience, il paraît qu'il s'est engagé à le rendre à sa famille.

— A supposer, dit Léona, en ayant l'air de chercher les combinaisons d'un mystère difficile à comprendre, à supposer que ce jeune homme fût dans le secret de monsieur Amab et de sa belle; à supposer qu'il eût menacé de faire un éclat, c'eût été une chose adroite que de le faire disparaître, et probablement il ne reparaîtra que lorsque l'on aura obtenu de lui la promesse formelle de ne rien dire.

— Mais c'est un conte des *Mille et une Nuits* que vous me faites là.

— Je ne le fais pas; il est tout fait : ce jeune homme ainsi disparu et que personne ne peut retrouver, monsieur Amab qui sait de ses nouvelles, et qui cependant ne peut pas ou ne veut pas sur-le-champ le rendre à sa famille, cela n'est pas un conte, je le suppose; ou si c'en est un, ce n'est pas moi qui l'ai inventé.

— Au fait vous avez raison, Léona, dit le jeune comte; si on pouvait voir ce Charles... Croyez-vous donc impossible de parvenir à retrouver ce jeune homme !

— J'avoue que, pour ma part, je ne saurais comment m'y prendre; mais il y a une chose que je puis vous dire, c'est que vous avez à votre service un homme, moins avancé que vous cependant, car il n'a pas encore reconnu la puissance du mot *impossible*. S'il veut s'en mêler, je crois qu'il sera plus habile à lui tout seul que nous ne le serions ensemble vous et moi.

— Mais cet homme qui est à mon

service vous appartient, je le sais, dit Gustave.

— Rien de ce qui est à vous ne m'appartient plus, dit Léona avec une triste dignité, tant que vous m'avez aimée assez pour me tromper, j'avais besoin d'un espion près de vous ; maintenant que vous voulez bien me dire, vous-même, la vérité sur vos sentiments, cet homme m'est devenu inutile, adressez-vous à lui ou à qui vous voudrez.

Adieu, Gustave, je ne fais pas de souhaits pour vous, vous m'avez trop blessée pour que je puisse dire que je vous souhaite franchement de vous voir heureux, et je vous aime encore trop pour vous vouloir du mal. J'espère, cependant, ajouta-t-elle avec un sourire amer, que ce désir me viendra bientôt. Adieu.

— Ne vous reverrai-je plus? dit Gustave avec l'embarras d'un homme qui ne veut pas accepter la responsabilité d'une rupture absolue.

— Quand vous voudrez, lui répondit Léona, je serai à Paris probablement toute la semaine, à quelqu'heure que vous vous présentiez, vous savez que lorsque je suis chez moi, la porte est toujours ouverte aux hommes d'esprit et de bonne compagnie : ce sont des titres, ajouta-t-elle avec un léger sourire d'ironie, ce sont des titres à être bien venu chez moi, que vous ne perdrez jamais, je l'espère.

A ce moment, Léona s'arrêta au moment de sortir, et regarda sur une console une tasse posée sur un coussin de velours, et enveloppée d'un globe de verre.

C'était celle sur laquelle les yeux de Gustave s'étaient fixés si longtemps le jour de la discussion avec son oncle. La tasse était médiocre et ne paraissait pas mériter une protection si particulière ni une place si riche.

—Ah! murmura Léona, c'est contre ce frêle morceau de terre blanche, que ma puissance a commencé à se briser.

Léona sortit sans attendre la réponse de Gustave; quand elle traversa l'antichambre, Jean se trouva sur son passage.

— La nuit prochaine à la Bastille, lui dit-elle à voix basse.

— J'y serai! répliqua le valet de chambre, et tout aussitôt la sonnette de son maître se fit entendre et l'appela près de lui.

Léona l'entendit et murmura en haussant les épaules :

— Oh! pauvre garçon!...

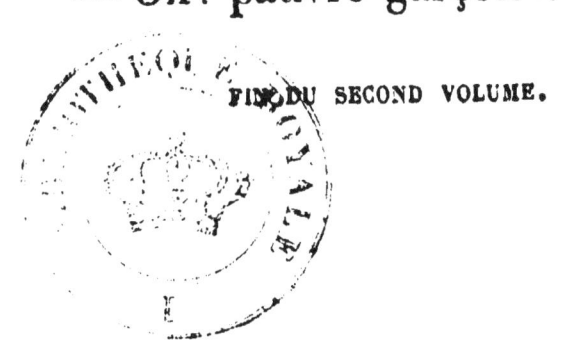

FIN DU SECOND VOLUME.

TABLE DES MATIÈRES

DU DEUXIÈME VOLUME.

	Pages.
CHAPITRE XII. — Le Lion.	5
— XIII. — A la recherche d'un fils	27
— XIV. — Scène de famille léonine	49
— XV. — Analyse	81
— XVI. — Tête-à-tête	101
— XVII. — Provocation.	117
— XVIII. — Excuses, projets d'amour.	149
— XIX. — Informations	169
— XX. — Tentative d'amour.	201
— XXI. — Les manèges de la Lionne	217
— XXII. — Les bêtes fauves.	269

Imprimerie hydraulique de GIROUX et VIALAT,
Saint-Denis-du-Port, près Lagny.

BIBLIOTHÈQUE DE ROMANS NOUVEAUX.

LA BIBLIOTHÈQUE EST COMPOSÉE DE 100 VOLUMES IN-8°, PRIX : 400 FRANCS.

(Chaque ouvrage se vend séparément de 4 fr. 50 à 5 fr. 50 le volume.)

— Première Série. — 25 Vol. In-8. —

Tomes 1 à 4	— L'AMOUREUX TRANSI, par *Paul de Kock*	4 vol.
— 5 et 6	— LA NUIT TERRIBLE, par *Alphonse Brot*	2 vol.
— 7 et 8	— SECRETS DE JEUNES FEMMES, par *de Bazancourt*	2 vol.
— 9 et 10	— DEUX CŒURS DE FEMME, par *Humbert Pic*	2 vol.
— 11 et 12	— BAS-LI LE FORBAN, par *Ligneau-Grandcour*	2 vol.
— 13 à 16	— DINAH ET ROSALIE, par *H. de Balzac*	4 vol.
— 17 et 18	— UN COUSIN DE PROVINCE, par *Charles Ballard*	2 vol.
— 19 à 23	— HUIT JOURS AU CHATEAU, par *Fréd. Soulié*	5 vol.
— 24 et 25	— LA PLACE DES TERREAUX, par *Alphonse Brot*	2 vol.

— Deuxième Série. — 25 Vol. In-8. —

Tomes 26 et 27	— ARISTIDE FROISSARD, par *Léon Gozlan*	2 vol.
— 28 et 29	— LES ENFANTS SANS SOUCI, par *Eug. Detigny*	2 vol.
— 30 et 31	— LES INVRAISEMBLANCES, par *Antony Renal*	2 vol.
— 32 et 33	— LES DURANTI, par *Leroyer de Chantpie*	2 vol.
— 34 à 36	— LECOMTE FRÉDÉRIC, par *Célest. Reverchon*	3 vol.
— 37 et 38	— LE COMTE DE RIFNNY, par *de Bazancourt*	2 vol.
— 39 et 40	— RACCOLTA, par *Charles Didier*	2 vol.
— 41 et 42	— LE PASSE-PARTOUT, par *Auguste Luchet*	2 vol.
— 43 à 45	— LE GANTIER D'ORLÉANS, par *Jean Lafitte*	3 vol.
— 46	— LE DERNIER DES TOURISTES, par *Adrien Delaville*	1 vol.
— 47 à 49	— LA FEMME PIRATE, par *Jules Lecomte*	3 vol.
— 50	— AVENTURES DU CHEV. CLÉAS, par *L. de St-François*	1 vol.

— Troisième Série. — 25 Vol. In-8. —

Tomes 51 à 54	— AMAURY, par *Alexandre Dumas*	4 vol.
— 55 et 56	— LA SIRÈNE DE PARIS, par *Alphonse Brot*	2 vol.
— 57 à 60	— AU JOUR LE JOUR, par *Frédéric Soulié*	4 vol.
— 61 à 63	— LA REINE D'UN JOUR, par *Charles Rabou*	3 vol.
— 64 et 65	— LA BATARDE DU ROI, par *Michel Masson*	2 vol.
— 66 à 68	— LE FORBAN DES CYCLADES, par *Jules Lecomte*	3 vol.
— 69 et 70	— GABRIEL LAMBERT, par *Alexandre Dumas*	2 vol.
— 71 à 74	— PIFFARD ET CHIPOLATA, par *Paul de Kock*	4 vol.
— 75	— DEUX ANNÉES AU DÉSERT, par *V. Verneuil*	1 vol.

— Quatrième Série. — 25 Vol. In-8. —

Tomes 76 à 78	— LE MARTYR CALVINISTE, par *H. de Balzac*	3 vol.
— 79 et 80	— LA PUPILLE, par *Fanny Collet*	2 vol.
— 81 et 82	— LA BELLE-POULE, par *Ligneau-Grandcour*	2 vol.
— 83 et 84	— A COTÉ DU BONHEUR, par *de Bazancourt*	2 vol.
— 85 à 88	— DEUX CONSPIRATIONS, par *Saint-Hilaire*	4 vol.
— 89 et 90	— LES FRÈRES CORSES, par *Alexandre Dumas*	2 vol.
— 91 et 92		2 vol.
— 93	— L'OFFICIER BLEU, par *Charles Elie*	1 vol.
— 94 à 96		3 vol.
— 97 à 100	— CAROTIN, par *Paul de Kock*	4 vol.

CONFESSION GÉNÉRALE

PAR FRÉDÉRIC SOULIÉ.

www.ingramcontent.com/pod-product-compliance
Lightning Source LLC
Chambersburg PA
CBHW071347150426
43191CB00007B/882